# 用艺术之美点亮心灵之光
## ——艺术思政教育体系探索与实践

张军琪 王雯婷 编著

西南交通大学出版社
·成都·

图书在版编目（CIP）数据

用艺术之美点亮心灵之光：艺术思政教育体系探索与实践 / 张军琪，王雯婷编著. -- 成都：西南交通大学出版社，2024.11. -- ISBN 978-7-5774-0161-4

Ⅰ.G641

中国国家版本馆 CIP 数据核字第 20244LA368 号

Yong Yishu zhi Mei Dianliang Xinling zhi Guang—Yishu Sizheng Jiaoyu Tixi Tansuo yu Shijian
## 用艺术之美点亮心灵之光——艺术思政教育体系探索与实践

张军琪　王雯婷　编著

| 策 划 编 辑 | 韩　林　罗爱林 |
|---|---|
| 责 任 编 辑 | 周媛媛 |
| 封 面 设 计 | GT 工作室 |
| 出 版 发 行 | 西南交通大学出版社<br>（四川省成都市金牛区二环路北一段 111 号<br>　西南交通大学创新大厦 21 楼） |
| 营销部电话 | 028-87600564　028-87600533 |
| 邮 政 编 码 | 610031 |
| 网　　　址 | http://www.xnjdcbs.com |
| 印　　　刷 | 成都勤德印务有限公司 |
| 成 品 尺 寸 | 170 mm×230 mm |
| 印　　　张 | 9.25 |
| 字　　　数 | 166 千 |
| 版　　　次 | 2024 年 11 月第 1 版 |
| 印　　　次 | 2024 年 11 月第 1 次 |
| 书　　　号 | ISBN 978-7-5774-0161-4 |
| 定　　　价 | 69.00 元 |

图书如有印装质量问题　本社负责退换
版权所有　盗版必究　举报电话：028-87600562

# 本书编委会

主任委员：张军琪 王雯婷
副主任委员：黄 原 赵敏聪
　　　　　　依力哈木·库尔班
委　　　员：李国芳 李 毅 米 艳
　　　　　　谢 力 杨 华 邓秀芸
　　　　　　高 鹏 孙彦文 杨 婧
　　　　　　伍 波 张庆伟

# 前 言
## PREFACE

**用艺术之美
点亮心灵之光**

  习近平总书记在全国高校思想政治工作会上指出，要坚持把立德树人作为中心环节，把思想政治工作贯穿教育教学全过程，实现全程育人、全方位育人。做好高校学生思想政治工作，要因事而化、因时而进、因势而新。既要树立科学的思维，也要研究创新的路径，更要立足新的时代特点和历史方位进行改革，采取多种手段提升亲和力和针对性。文化艺术蕴含着独特的育人价值，它所特有的形象性、艺术性以及情感性，恰好是思想政治教育缺乏的内容。

  2023年12月，教育部印发通知，全面实施学校美育浸润行动，包括实施美育教学改革深化行动、艺术实践活动普及行动等，进一步加强学校美育工作，强化学校美育的育人功能。以习近平新时代中国特色社会主义思想为指导，全面贯彻党的教育方针，落实立德树人根本任务，大力发展素质教育，以社会主义核心价值观为引领，弘扬中华美育精神，坚定文化自信，以浸润作为美育工作的目标和路径，将美育融入教育教学活动各环节，潜移默化地彰显育人实效，实现提升审美素养、陶冶情操、温润心灵、激发创新创造活力的功能，培育德智体美劳全面发展的社会主义建设者和接班人。以美浸润学生，全面提升学生文化理解、审美感知、艺术表现、创意实践等核心素养，丰富学生的精神文化生活，让学生身心更加愉悦，活力更加彰显，人格更加健全。

  对理工类高校而言，思想政治教育与文化艺术教育是天然薄弱的教育环节，如何强化思政教育实际成效，引入文化艺术资源活水，打破传统教育模式僵局，是当下理工类高校亟须思考的一大难题。与此同时，面对当前百年未有之大变局，纷繁变化的社会形势导致学业压力、就业压力、家庭压力在大学生成长过程中相互交织，大学生心理健康问题呈现快速增长态势，灵活运用美育教育丰富精神、升华心灵的特性，使其在心理育人方面发挥独特而有效的积极作用，在目前提升心理健康教育水平的时代命题下显得正当其时、恰如其分。探索"思政＋美育"这一全新教育模式与心理健康教育的融合路径，以增强大学生心理韧性、推动心理健康教育高质量发展，或可成为新时代思想政治教育的未来发力方向。

本书以西南交通大学为例，提出从四个方面构建理工类高校艺术思政教育体系：打造艺术思政轻骑队，开发建设特色思政微课；深耕第二课堂平台，突出艺术思政价值导向；重视原创作品创作，展示艺术思政教育成效；组织策划文艺演出，搭建艺术思政生动讲台。西南交通大学构建的集特色思政微课、第二课堂、创作、展演于一体的艺术思政教育体系，将思政与美育贯通、育德与育心融通，为高校创新日常思政教育模式与改革大学生心理健康教育提供了一定的工作思路与实践经验。

本书是西南交通大学四川省心理健康教育重点研究基地2023年度项目"高校美育实践对新时代大学生心理健康教育的促进效果"（XLJKJY2306A）、四川大学生思想政治教育研究中心2023年度项目"理工类高校构建艺术思政教育体系的探索"（CSZ23162），也是2023年西南交通大学科学研究基金（学生工作专项）（XJXG2023-042）等的阶段性研究成果。

由于时间和水平的限制，本书难免存在不妥之处，敬请各位专家和读者批评指正。

编　者

2024年9月

# 目 录
CONTENTS

**用艺术之美
点亮心灵之光**

## ■ 导 论
艺术思政教育理念提出背景

第一节　高校思想政治教育现状、困境与纾困发力点……………… 1
第二节　文化艺术的独特育人价值 …………………………………… 4
第三节　理工类高校艺术思政教育现状与作用 ……………………… 6

## ■ 第一章
西南交通大学艺术思政教育体系概述

第一节　历史沿革 ……………………………………………………… 8
第二节　构建思路与创新点 …………………………………………… 10

## ■ 第二章
打造艺术思政轻骑队，开发建设特色思政微课

第一节　"音乐里的故事"简介 ……………………………………… 15
第二节　"音乐里的故事"讲演团的主题思想简介和活动创新点… 16
第三节　"音乐里的故事"实施情况 ………………………………… 20

## ■ 第三章
深耕第二课堂平台，突出艺术思政价值导向

第一节　大学生文化艺术节 …………………………………………… 23
第二节　"佳片有约"露天影院 ……………………………………… 30
第三节　承唐讲坛 ……………………………………………………… 34
第四节　"梨园艺韵"精品戏曲文化月 ……………………………… 37
第五节　审美与艺术修养提升训练营 ………………………………… 40
第六节　走进大艺团——艺术表演体验月 …………………………… 41

## 第四章

**重视原创作品创作，展示艺术思政教育成效**

第一节　大学生文化艺术审美与创新训练计划（SCTP）……………46
第二节　蜀韵陶瓷非遗工作室………………………………………54
第三节　艺术表演类作品创作………………………………………58

## 第五章

**组织策划文艺演出，搭建艺术思政生动讲台**

第一节　"佳声有约"露天演唱会……………………………………64
第二节　典礼节目表演………………………………………………72
第三节　大型文艺展演………………………………………………79

## 第六章

**西南交通大学实施艺术思政教育体系的成效**

第一节　对新时代大学生思想政治教育的积极作用………………89
第二节　对新时代大学生心理健康教育的促进效果………………94

## 附　录

**部分育人成果**

附录1　大学生文化艺术审美与创新训练计划（SCTP）项目精选……98
附录2　"音乐里的故事"讲演团特色艺术思政微课部分
　　　　参与学生的心得体会……………………………………133
附录3　审美训练营部分参训学生的体验心得……………………139

# 艺术思政教育理念提出背景 导论

思想政治工作是党的建设的基础工作,是高校各项工作的生命线。党的十八大以来,以习近平同志为核心的党中央高度重视思想政治工作建设,将思想政治工作和学校思政课建设放在治国理政的重要位置,提出了一系列殷切希望与重要意见。党的二十大报告对落实立德树人根本任务、着力培养担当民族复兴大任的时代新人提出了更高要求,我国高校思想政治工作进入新发展阶段。作为培养时代新人的桥头堡,高等学校在做好思想政治教育方面肩负着更为艰巨的使命与责任。

为提升高校思想政治教育的实效性和学生获得感,艺术思政教育理念应运而生。艺术思政教育指的是用艺术形式开展思政教育、以艺术魅力浸润思政教育,在思政教育过程中融入艺术元素、在艺术创作中突出思政导向、用艺术展演创新教育模式,将文化艺术的育人功能与当前大学生思想政治教育的先进性进行有机融合,增强思政教育的亲和力、吸引力、感染力,丰富思政教育内容和教学方式,发挥德育与美育协同育人效力,升华育人智慧,最终推进思政"三全育人"理念落实。

## 第一节 高校思想政治教育现状、困境与纾困发力点

### 一、高校思想政治教育现状

近年来,各地各高校立足校情实际,积极探索思想政治工作改革方向,研讨提升思想育人实效的路径,科学化构建思政教育体系,思政课程和课程思政建设取得可喜成效。据学者卢慧2023年的调查显示,当代大学生对思政课的整

体认同度较高（3.659/5.000），处于中等偏上水平。[①] 大学生作为受教育主体，所给出的肯定性评价直接而客观地反映了当前高校思想政治工作总体向好的发展态势。

在欣喜思政教育改革取得初步成果的同时，我们也要看到现行思政教育模式仍存在一些问题与不足。上述调查同时指出，大学生对教师素质、课程价值和实践活动的认同度最高，与之相对的是大学生对思政课在认知、情感和行为三个维度存在不同程度差异，总体呈现"高认知、中情感、低行为"的特征，学生能够认识到思政教育的重大意义并乐于参与相关实践，但课后收获感不强、无法形成高度情感认同，运用所学理论联系实践的行动力也较为欠缺。据学者司文超 2022 年的调查显示，部分大学生对思想政治教育效果仍持负面评价，认为效果"比较差"或"非常差"的大学生约为 1.8%（2019 年为 1.4%）。[②] 以上调查结果尖锐地揭露了现阶段高校围绕思想政治理论课所开展的一系列工作举措与教育行为还不能很好地满足新时代青年学生的成长发展需求。

## 二、高校思想政治教育困境

根据以上研究数据分析，基于现实工作体会，我们必须承认当前高校思想政治教育体系在增强育人实效方面仍有一定局限性，这是由国内思政教育的内外双重困境所决定的，具体表现为以下几个方面：

从思政教育内部属性来看，一是教育模式缺少温度，就围绕课堂教学这一思政教育主渠道而言，尽管近年来思政教育工作者做出了一些教学创新，但由于其可持续性和可操作性不强，加之教育者难以转变固有思维，思政课的实际教学方式大多停留在"师讲生听""师点生通"的单向灌输模式，在这种单一的教学模式下，说教意味多于启发引导，师生之间缺乏双向积极互动和实质情感交流，学生的课堂参与感与受教育收获感自然大打折扣；二是教育范式亟待转换，我国进入高质量发展新时期，大学生的思想观念和价值取向正随着社会高速发展而不断变化，以往完全倚重课堂、教材、教师的"文本"式思想政治教育范式已然暴露出表面化、教条化、封闭化等弊端缺陷，不仅忽视了个体思想发展的独特需要，也不符合全员全过程全方位育人目标理念，就落实立德树人这一教育根本任务而言，其最终落脚点在于"人"，因此高校思想政治教育迫切需要向以开放性、主体性、情感性、生活化为特征的"人本"式思想政治教育范式转换。

---

① 卢慧，张璐斐. 大学生思政课认同现状、影响因素及其教学启示研究 [J]. 教育导刊，2023（9）：62.

② 司文超. 高校思想政治教育成效及其影响因素的调查分析 [J]. 思想理论教育，2022（1）：103.

从思政教育的外部环境来看，一方面随着我国不断扩大对外开放程度，各类西方文化思潮如新自由主义、新保守主义、新民族主义和历史虚无主义等也持续涌入国内渗透激荡，其渲染的"个人主义""自由至上""意识形态多元化"代表的是西方资本主义价值观，在对主流意识形态地位造成冲击的同时，也引发了教育生态环境的整体变化，思想政治教育难度相应加大；另一方面，国内经济在新世纪实现飞速增长，提供了文化生活繁荣发展肥沃土壤；近年来数字媒体技术不断升级突破，大众文化的传播途径进一步拓宽，文化内容与形式变得复杂多样，大众文化的娱乐性和商业性也被强化，其平面化、碎片化、感官化、庸俗化发展趋势显著，而大学生作为思想最为活跃的社会群体，极易受到其中负面流行元素的消极影响和侵蚀，对传统思想政治教育产生抵触情绪，甚至秉持冷漠、怀疑和厌恶的态度，大学生接受主流意识形态教育的积极作用被逐渐消解。

## 三、纾困发力点

党的二十大报告明确提出，要加快建设高质量教育体系，发展素质教育，促进教育公平。为加快建设教育强国，推动新时代大学生德智体美劳全面发展，培育立大志、明大德、成大才、担大任的时代新人，高校思想政治教育势必要摆脱内在困境、克服外部冲击，全面贯彻党的教育方针，坚定育人导向，汲取前期有益改革经验，依据当前教育对象即"00后"大学生群体的思想和心理特性，持续探索教育新思路和工作新模式。如何为高校思政教育纾困解难，对思想政治教育工作者而言必须重视以下三点。

### （一）必须坚持守正创新

必须"守立德树人之正，创培育新时代好青年之新"。育人的根本在于立德，思想政治教育是培根铸魂的生命线，必须巩固马克思主义在意识形态领域的指导地位，用习近平新时代中国特色社会主义思想武装头脑、指导实践，在夯实自身思想根基和政治素养的基础上，创新思想政治教育的话语表达、育人手段和活动载体，使其融入中国式现代化发展的新要求，与高等教育高质量发展相适应。

### （二）必须转变教育形式

教育形式要从"单向施教"转变为"以生为本"。思想政治教育作为旗帜鲜明讲政治的实践活动，其政治理论内容和思想引领属性使得传统教育者往往采用严肃刻板的逻辑思维和载体形式开展教育活动，这显然不能满足当前提升思政教育亲和力、感染力和吸引力的需要。而要增强思政教育的鲜活性和针对性，应适时站在受教育者的立场角度，充分考虑处于不同成长阶段大学生的个性特点和发展期待，因材施教，推动教育主客体积极和谐互动，增进学生对思政教育的情感认同。

（三）必须重视隐性思政教育的影响作用

传统思政理论课、党课团课、专题讲座、主题教育活动是显性思政教育的主要构成，在教育过程中难免带有"直接性、强制性与灌输性"特征，对受教育者所产生的影响也略带晦涩与生硬。隐性思政教育则注重循序渐进、润物无声，其独有的潜隐性、渗透性、愉悦性等特性恰好能够弥补显性思政教育的缺憾，因此，应将显性思政教育与隐性思政教育有机结合，让思想政治教育内容与校园文化相融合、与专业学习相融合、与社会实践相融合，挖掘并整合相关优质教育资源，打通思政工作各大模块，凝聚多方力量，构建"大思政"教育体系，激发学生参与热情，促进学生在成才实践中强化理论认知，增强教育获得感。

## 第二节　文化艺术的独特育人价值

习近平总书记强调，思想政治教育"既要有惊涛拍岸的声势，也要有润物无声的效果，这是教育之道"[①]。要促进高校思政工作深化改革、构建思政教育新局面，就要顺应时代变化趋势，遵循新时代思政工作规律，转换高校思政教育形式，坚持显性教育和隐性教育相统一。

隐性教育通常伴随着文化的出现而产生，它隐含于人们的日常生活中。对于高校思政工作而言，发挥隐性思政教育积极效用，深入挖掘隐性思政教育资源是增强思政教育实效性的全新手段和明朗方向。在大学校园中，课堂教学、文艺活动、劳动实践、体育锻炼和实习实践无不蕴含着隐性思政教育的潜在轨迹，其中，文化艺术在校园生活中更是扮演着举足轻重的角色，它无处不在，丰富可感，形式活泼，是一种亲和力较强的隐性思政教育资源。

---

① 习近平. 思政课是落实立德树人根本任务的关键课程[J]. 求是，2020（17）.

## 一、思想育人价值

艺术可感,育人无形。优秀文化艺术是人类历史文明的结晶,代表着人类审美意志的最高水平,它所特有的形象性、生动性以及情感性能够激发情绪感官,强化感性认知。休谟认为,情感对行为有更直接的影响,他直接把感觉经验作为认识的来源;康德在《纯粹理性批判》中指出,"如果没有感性,则对象不会被给予"①,也肯定了人的认识从感性直观开始。由此可见,在感受文化艺术中所建立的感性认知能够辅助理性认知的形成,继而为后续行动实践奠定情感认同。优秀文化艺术是提高道德和滋润精神的重要源泉,内含思想教化属性,其主题内容往往反映人类至纯至善的精神追求和高洁远大的理想志向,其表现形式相较于理论文本更加直观易感,具有天然的教育传播优势。受教育者通过鉴赏优秀艺术作品、体验文化艺术创作、参与高雅文化艺术活动,能够切身感受艺术魅力,升华个人志趣品味和审美能力,还能够提升思想境界、塑造美好德行,在一系列文化艺术观摩和创造行为中逐渐形成正向积极的感性意识形态,与传统显性思想政治教育形成互补。

增强文化自信是优秀文化艺术蕴含思政教育价值的另一维度。习近平总书记指出:"中国传统文化博大精深,学习和掌握其中的各种思想精华,对树立正确的世界观、人生观、价值观很有益处。"②中华优秀传统文化是中华民族独特的精神标识,是当代中国文艺的根基,也是文艺创新的宝藏。将中华优秀传统文化作为高校思政教育之养料,有利于进一步增强大学生的民族自豪感,助其树立文化自觉、坚定文化自信、厚植爱党爱国情怀,自觉抵制拜金主义、享乐主义、极端个人主义、历史虚无主义等错误思想,积极践行社会主义核心价值观。

## 二、心理育人价值

艺术多彩,温润心灵。优秀文化艺术的内核属性与心理健康教育的工作目标高度契合,二者均是为培养健全人格、身心健康、德智体美劳全面发展的时代青年而形成的感性化教育模式,蕴含着丰富的心理育人价值。采用文化艺术手段开展思想政治教育,能柔化传统文本教育的理性与刚性,使学生在情感涌动中自发坚定理想信念,树立高尚品格情操。同时,先进思想也为文化艺术注

---

① 王诗琪,王永益. 高校思想政治教育感性化的现实路径探究——基于感性意识形态的视角 [J]. 江苏高教,2023 (1):87.

② 习近平. 习近平谈治国理政:第 1 卷 [M]. 北京:外文出版社,405.

入"强心剂",二者结合既能陶冶品德性情,还能补精神之"钙",提振成长自信,滋养精神世界。若学生持续接受"思政+艺术"融合教育的双重熏陶,便可在学习实践中主动思考、激活想象,发现美好、受到鼓舞,让自身精神世界得到治愈和充实,进而逐步提高心理素质、建立良好心态,促进心理系统的自然和谐,达到心理健康发展的最佳状态。

目前大学生群体的心理问题纷繁多样,其变化趋势难以预估,高校应尽快加强并改进心理健康教育模式,利用各种资源与手段提升心理疏导和危机干预工作实效。从这一角度出发,通过文化艺术对高校思政教育进行改革创新,在一定程度上还可促进大学生心理健康教育,能发挥其他教育形式无法取代的作用。通过有组织、有目标、分类别、分层次开展有较强针对性的带有艺术色彩的思政活动,帮助学生释放焦虑、恐惧等情绪,有助于更精准、更高效地应对当前大学生所出现的错综复杂的心理问题,帮助学生重新树立起对美好生活的信心与向往,进而实现引领学生健康成长、全面发展。

鉴于当下思政教育改革需要和文化艺术内含思政教育属性,将优秀文化艺术融入思想政治工作与当前高校思政改革方向可谓不谋而合,挖掘优秀文化艺术中所蕴含的思想政治教育资源,探索德育与美育协同育人的可能性与实效性,使其育人效果最大化,或将成为今后思政教育改革和提升大学生综合素质的行进方向。

## 第三节 理工类高校艺术思政教育现状与作用

### 一、实施艺术思政教育的必要性

在当下推进"新工科"人才培养的浪潮中,我国科学技术与文化艺术的融合更加紧密,艺术教育在激发创新思维方面发挥着突出作用,高质量发展型社会对于工程技术人才审美能力的要求也在不断提高,为适应中国式现代化的人才培养目标,当代理工学科师生必须要摒弃固有观念,不能仅限于掌握并精通专业知识,也应在提升思想修养和文艺素养上狠下功夫。反观目前,在大多数理工类高校的人才培养体系中,思想政治教育得到高度重视,但突破性成果还未显露,文化艺术教育则是十分薄弱的教育环节,特别是教育资源、教育方式、教育观念都存在不同程度的缺陷。

## 二、理工科高校思想政治教育和文化艺术教育现状

从实际工作来看,理工科高校在思政创新领域所面临的难题与挑战相较文科和艺术类高校显得更为艰巨,主要体现在施教者教学模式有待优化、受教者思想观念仍有偏差、管理者教育资源急需整合三大方面:就施教者而言,理工教师考虑育"才"重"器"的多,考虑育"人"育"德"的少,"专"上到位而"红"上不足。在理工科高校思政课和专业课课堂上,仍存在一味讲理论教材或空洞说教的现象,教育手段和形式单一,无法激发学生热情;就受教者而言,因学科特点和社会需求等因素影响,理工科学生用于专业知识技能学习的时间比例较大,加之与人文社会科学课程的分野,导致相当一部分学生对思想政治教育的必要性和重要性认识不够,进而造成思政课堂教学配合度低,思政教育活动参与意愿不强;就管理者而言,部分理工类高校思政课程的整体设计和资源整合效能相对薄弱,相关部门缺乏沟通联络,思政理论课程的实践教学通常未能与学生最为关心的学科竞赛、升学深造、实验实习、文体活动实现联动,不仅造成了校内各部门教学资源和活动资源的浪费,也无法形成实践教学的合力,达到应有的育人效果。

## 三、艺术思政教育的作用影响

基于前文所述,针对理工科高校思政教育的普遍难题,在其思政教育过程中引入文化艺术资源活水或可打破传统教育模式僵局,强化思政教育实际效果。充分重视文化艺术特别是中华优秀传统文化的育人效用,有利于为广大思政工作者和教育者提供全新思路、开拓视野航向;充分培育校园文艺土壤,建设学生文艺团体,引入社会优质文艺资源,有利于为实行艺术思政教育夯实资源和人员储备;以文化艺术润化"理工型"思政教育的严肃古板,用丰富可感的艺术资源充分调动理工科学子接受思政教育的自觉性和主动性,同时提升此类学生的审美能力与人文素养,双管齐下,为培养又红又专、情怀深厚、全面发展的时代新人贡献力量。

# 西南交通大学艺术思政教育体系概述

## 第一节 历史沿革

### 一、概 况

作为一个以理工科见长的综合类高校，西南交通大学格外重视文化素质教育在育人过程中的重要影响，在学生工作中，充分发挥美育丰富精神、温润心灵的作用，实施美育浸润行动，构建艺术思政教育工作体系。学校开展文化艺术活动的工作理念是坚持以美育人、以美化人、以美培元，工作思路是培育和践行社会主义核心价值观，弘扬中华优秀传统文化、继承革命文化、发展社会主义先进文化，深入挖掘学校历史、时代精神、场域环境等育人要素，提高理工科学生艺术审美和人文素养。

1999年1月，经教育部批准，我校与四川大学联合建设国家大学生文化素质教育基地，我校基地办公室设在党委学生工作部，牵头协调全校大学生文化素质教育，策划并承办校内外重要的文化艺术交流活动、高雅艺术进校园活动以及大型演出。

### 二、工作特色

（一）以培育和践行社会主义核心价值观为核心，融入轨道交通特色等交大元素，引领校园文化建设

校园文化建设是中国特色社会主义文化建设的重要组成部分，美育工作是铸造灵魂的工程。学校一直坚持以培育和践行社会主义核心价值观为灵魂核心，

开展的各项文艺活动、创作的各类文化艺术作品，都坚持植根中华优秀传统文化、植根学校"爱国爱校、严谨治学、严格要求"的优良传统文化的深厚土壤，唱响主旋律，弘扬正能量。在文艺内容上，倡导讲品位、讲格调、讲责任的文艺高度；在文艺创作上，立足于校园生活、结合学校鲜明的轨道交通学科特色，全面、立体、真实地讲交大历史故事，展示交大学子的奋斗风采。以文化素质教育工作发展促进高雅、健康、向上的校园文化氛围的形成。

### （二）以促进学校文化素质教育发展为己任，加强各部门协作推进学校美育工作，探索发展新模式

创新地将文化素质教育融入学生资助工作，开展艺术资助项目。将文化素质教育成果应用于学生宿舍园区建设，结合学校原创文化和优秀传统文化艺术作品，如书法、字画、剪纸、扎染等，让文化艺术与环境融合，加强环境育人成效，探索文化素质教育新模式。

2019年，学校印发了《"基于五育融合的美育工作推进"实施方案》，形成"针对新工科院校学生特点，加强基于通识教育的综合素养熏陶，突出交大特色和传统，融入地方文化"，促进学校美育与德育、智育、体育和劳动教育相融合的"五育融合"美育工作推进方案，建立"具有普惠机制的""面向全校学生的融入校园生活的浸润式"的美育模式。方案中明确校内美育工作负责主体部门与协作部门，推动美育工作高效开展。

2022年，学校制定并公布《西南交通大学本科生艺术实践认定办法》，为学生艺术实践提供评估标准，以此作为美育评价改革发力点，努力突破当前美育评价体系构建中的薄弱环节和推进难点，初步建立起符合理工科高校现实境况的美育评价制度，在制度层面为学校美育工作的发展明确目标、凝聚共识、激发力量。

### （三）以加强大学生艺术团建设为载体，由点及面推进学校文化素质教育工作，展示交大文化魅力

大学生艺术团作为学校美育工作的重要载体和着力点，是开展校园文化艺术活动、促进学校美育工作发展的重要支撑力量。大学生艺术团是由西南交通大学党委学生工作部主管的校级学生组织，由学校高水平艺术团学生、艺术类相关专业学生、有艺术特长或爱好的各类在校学生组成。艺术团现有正式团员600余人，指导教师28人。艺术团人员构成为65%普通学生、15%高水平艺术

团学生，以及 20% 音乐表演专业学生。艺术团下设十一个分团，包括七个表演团队（1896 合唱团、氧气舞蹈团、锦瑟中乐团、微笑话剧团、扬华交响乐团、现代音乐乐团、其镗打击乐团），三个业务团队（办公室、羽幕舞美队和扬华文化站），以及一个蜀韵陶瓷非遗传承工作室，每个团队都有专业的指导教师负责团队训练、演出比赛以及日常管理。

学校以大学生艺术团这个"小众群体"为着力点，面向全校师生及广大社会这个"大众群体"传递新时代交大的文化艺术魅力，弘扬交大精神，助力人才培育。

西南交通大学始终着力提升人才培养质量，以文化素质教育工作质量促进人才培养质量提升是一项重要手段。

新时代中国高校的美育教育站在了具有更高要求的新起点，西南交通大学将继续坚持以美育人、以美化人、以美培元的工作理念，构建艺术思政教育工作体系，贯彻落实立德树人的根本任务。

## 第二节 构建思路与创新点

习近平总书记指出，做好高校学生思想政治工作，要因事而化、因时而进、因势而新。[1] 既要树立科学的思维，也要研究创新的路径，更要立足新的时代特点和历史方位进行改革，采取多种手段提升亲和力和针对性。如前所述，文化艺术蕴含着独特的育人价值，它所特有的形象性、艺术性以及情感性，恰好是思想政治教育缺乏的内容。

文化艺术的育人功能是否能与当前大学生思想政治教育进行有机融合？西南交通大学给出了自己的答案。近年来，西南交通大学积极探索文化艺术与思政铸魂相融合的全新教育模式，立足学校理工科见长背景，针对学生思维特质，持续挖掘优秀文化艺术所蕴含的思政教育资源，以生动的艺术形式开展别样的思政活动，用文化艺术的魅力为思想政治教育增添亲和力，拓展思政工作的外延与路径，发挥融入式、嵌入式、渗入式的立德树人协同效应，逐步构建具有交大特色的艺术思政教育体系，具体分为以下四个方面：

### 一、打造艺术思政轻骑队，开发建设特色思政微课

以艺术表演渲染情感，讲有温度的思政课程。从经典红色音乐作品出发，

---

[1] 习近平. 把思想政治工作贯穿教育教学全过程，开创我国高等教育事业发展新局面 [N]. 人民日报，2016（12），版 1.

充分挖掘作品背后的党史故事、校史故事和时政热点等思政教育素材，以学生主讲和艺术表演相结合的方式创新思政课堂模式，用音乐渲染课堂氛围，增强爱党、爱国、爱校情感，提高学生的参与感，用艺术之美点亮心灵之光。

2022年，西南交通大学首创"音乐里的故事"学生讲演团，开设特色艺术思政微课，积极探索艺术表演与思政教育的融合路径。通过选拔热爱理论宣讲和艺术素养较高的本研学生担任主讲人和演员，聘请思政教育专家和奋斗在学生工作一线的辅导员，组建10支高水平讲演团队。这个团队就像一支轻骑队，可以随时灵活地深入学生群体活动中，如班会、党支部活动、团支部活动等。

## 二、深耕第二课堂平台，突出艺术思政价值导向

加强艺术思政活动的建设，以建设校园文化项目为关键环节，充分调动大学生参与艺术实践的积极性。一方面，通过施行《西南交通大学本科生艺术实践认定办法》，为活动开展提供制度保障；另一方面，加强学校大学生文化艺术节项目建设，繁荣校园文化氛围。

西南交通大学于2022年制定并公布《西南交通大学本科生艺术实践认定办法》，对学生艺术实践形式与路径进行改革创新，有效调动学院开展艺术实践项目的积极性，为引导和激励大学生德智体美劳全面发展提供有力制度保障。办法试运行后，全校第二课堂艺术修养与审美提升类课程开课总数达345门，同比增长133%；参与学生达82 922人次，同比增长188%。

西南交通大学大学生文化艺术节是学校的美育"金名片"，自2014年起已连续举办十一届，共开展180余项文化艺术活动，涵盖音乐舞蹈、话剧戏曲、美术摄影、中华优秀传统文化体验等艺术类别，参与人数超过210 000人次。通过确立富有思想内涵的活动主题，统筹校级美育资源，将艺术节活动与艺术课程、学生艺术社团、校园文化建设相结合，强化思想价值引领，主题励志向上，培育爱党、爱国、爱校情感，促进精品活动常态化开展，力求每位学生都能参与到艺术节活动中，形成"院院有品牌、周周有活动、人人都受益"的浓厚文化艺术氛围。

实现美育育人效果最大化，不能仅依靠学校力量，更要凝聚社会力量，发挥协同效应。一方面，学校举办"承唐讲坛"系列文化讲坛，邀请朱迅、郎永淳、蒙曼、马伯庸等社会名人和文化大家走进校园，分享成长经验，传递人文精神和爱国情怀，帮助学生打开思维视野；另一方面，学校与社会传统文艺团体保

持紧密合作，与成都市川剧研究院、京剧研究院以及木偶皮影剧团共同开展精品戏曲文化月活动，将优质传统文化资源持续不断引入校园，同时定期举办校外艺术实践活动，如博物馆、艺术馆、非遗工作室游览等，多角度展示中华文化宝贵遗产，鼓舞青年学生传承民族文脉。

### 三、重视原创作品创作，展示艺术思政教育成效

（一）实施校园原创文化艺术精品计划，以小见大彰显时代精神

鼓励学生创作有本校特色、有青春活力、有时代精神的歌曲、舞蹈、戏剧、书画、平面&立体设计和微电影等艺术作品，并邀请相关专家悉心指导，将创作内容根植于学校历史底蕴和地域文化特色中。

西南交通大学不断培育高质量的校园原创艺术精品，2019年创办"扬文欣艺"大学生文化艺术审美与创新训练计划项目（SCTP），已持续5年面向全校本研学生开展文化研究和艺术创作系列活动，提供相应经费支持。依托四川省大学生艺术展演活动，挖掘学校校史、轨道交通学科特色进行文艺创作，近五年已涌现出不少优秀作品：合唱《圆梦川藏》表达了藏族同胞对高铁开通使"天堑变通途"的赞叹喜悦；舞蹈《轨迹》和器乐《山海云程》用艺术笔墨谱写校史诗篇，深情描绘一代代交大人前赴后继、为建设"交通强国"不懈奋斗的感人画卷；器乐《赴草堂》和戏剧《我是传承人》分别以欢快灵动的节奏和幽默风趣的演绎生动绘就川蜀文化魅力。在四川省第十届大学生艺术展演中，学校19项原创艺术作品荣获省级一等奖。此次获奖是对西南交通大学鼓励文化艺术原创举措的莫大肯定，也是对艺术思政教育体系成果的生动展示。

（二）搭建中华优秀传统文化传承平台，不断增强师生的文化自信

积极开展中华优秀传统文化传承项目，引导学生主动寻找中华优秀传统文化基因，唤醒青年一代主动传承创新中华优秀传统文化意识，促进担当文化责任与历史使命。

2022年，西南交通大学成立大学生蜀韵陶瓷非遗传承工作室，以大力发扬四川地区陶瓷类非物质文化遗产为工作目标，与省内六家非遗陶瓷传承人建立合作关系，组织青年学子们走进非遗文化，在学习、体验、创作中感悟中华文脉，增强文化自信。工作室扎根川蜀大地，不断挖掘四川优秀传统文化亮点元素，产出"变脸盖碗茶杯"这一极具特色的陶瓷作品，荣获2022金熊猫天府创

意设计奖之"幸福天府·成都礼物"特别奖。此外，工作室还结合成都第31届世界大学生夏季运动会召开背景，为赛事组委会设计"大运壶（运宝宝）"和"大运杯（元宝宝）"两款陶瓷文创产品，加入最新热感应图形变幻技术，向世界展示可信、可爱、可敬的中国形象。

这一系列普及性强、内容丰富、积极向上的美育实践活动在校园内异彩纷呈，同学们在品味优秀文化艺术作品、体验文化艺术创作中提高认识美、欣赏美、创造美的能力，加强文化认知，提升艺术素养，温润心灵，使精神世界得到充实，有效提高心理素质，建立良好心态。

## 四、组织策划文艺演出，搭建艺术思政生动讲台

### （一）思政教育走入镁光灯下，用大舞台引领思想潮流

将文艺演出作为主题教育活动的重要载体，以开学典礼、毕业典礼、重要纪念日和重大节假日为契机，设计富有特色的表演环节，强化节日、典礼的育人功能。丰富多彩的艺术节目成为了鲜活教材，极具思想教育意义。

2019年以来，西南交通大学举办庆祝新中国成立70周年师生文艺晚会、庆祝中国共产党成立100周年大型合唱套曲《黄河大合唱》演出、建校125周年文艺晚会、"跨越山海 交通天下"西南交通大学2024年新年联欢晚会。此外，以开学典礼和毕业典礼为契机，精心编排集体文艺节目，将流光溢彩的典礼舞台化为思政讲台，引导学生坚定理想信念，感谢祖国、感恩母校、感念师恩，担当时代责任。

### （二）思政教育贴合校园生活，结合校史校情，用小舞台传递价值美好

西南交通大学精心组织策划"露天有约"系列校园文艺活动。一方面在露天电影放映中选取富有教育意义的电影题材，于每周末晚夜幕四合、繁星点点之时，在荧幕上播放让人笑声不断、温馨、励志的正能量影片；另一方面在露天演唱会中挖掘校内学生、专业教师、辅导员、后勤员工和退休教师等优秀代表，领唱流行和经典的歌曲，在校园内精心布置出一片开放、舒适、包容的文化空间，让学生在温馨的环境和愉快的氛围中释放压力、润化心灵，在潜移默化中接受思想感召，如万人合唱《我和我的祖国》《我的未来不是梦》就是一场场生动的思想政治教育。这一系列形式新颖、多样的艺术实践活动，不仅点亮了同学们在学习生活中的美丽心情，还能提高审美水平，陶冶高尚情操，涵养健全人格，

坚定理想信念，培育美好心灵。

西南交通大学充分挖掘128年校史底蕴，将茅以升等杰出校友事迹进行艺术化呈现，打造具有学校特色的原创思政戏剧《茅以升》。以话剧为载体，讲述老一代交大人在祖国危急存亡之际舍身奉献、自强不息的爱国故事，以表演绘就历史，用学史丰满情怀。该剧已连续数年面向新生演出，被纳入学校新生入学教育课程体系中的重要环节。此外，学校将继续出品以"两弹一星"功勋陈能宽院士等知名校友事迹为主题的情景剧等，用艺术形式凝练红色校史资源，为时代新人的培育持续赋能。

# 第二章 打造艺术思政轻骑队，开发建设特色思政微课

## 第一节 "音乐里的故事"简介

2022年，西南交通大学首创"音乐里的故事"学生讲演团，通过选拔热爱理论宣讲和艺术素养较高的本研学生担任主讲人和演员，聘请思政教育专家和奋斗在学生工作一线的辅导员担任团队导师。经过精心选择经典音乐作品，充分挖掘作品背后的英雄故事、科学家故事、爱国者故事、校史故事等思政教育素材，以学生主讲和艺术表演相结合的方式创新思政课堂模式，用音乐渲染课堂氛围，增强学生爱党、爱国、爱校情感。

近两年来，经过反复打磨课件，刻苦排练艺术表演，已建成了《为了谁》《我和我的祖国》《我的祖国》《共和国之恋》《红军不怕远征难》《英雄赞歌》《天路》《学习雷锋好榜样》《星辰大海》以及《国家》等10支高水平讲演团队。讲演团在全校范围内接受学院、班级、党支部、团支部等团体的预约，每次讲演时长约35分钟，讲演团会根据主题内容准备互动道具、歌单等，并会根据曲目需要穿着特定形象的演出服装。

讲演团以音乐为载体，选取具有代表性的音乐作品，并深入挖掘其中蕴含的故事和价值观。在编排思路上，讲演团注重音乐与历史、文化、社会等多方面的联系，通过音乐引导听众思考和感悟。同时，根据不同的受众群体，设计多样化的讲演形式和互动环节，以提高听众的参与度和体验感。

"音乐里的故事"讲演团植根于"课程思政"建设的大背景下，坚持问题导向，改革传统思政教育方法，创新思政活动开展形式，积极探索思政教育与艺术表演融合的路径，全面提升思政课育人的亲和力、感染力。

# 第二节　"音乐里的故事"讲演团的主题思想简介和活动创新点

## 一、主题思想简介

### (一)歌曲《天路》讲演团

**主题思想**　天路，一条蜿蜒于高山峻岭之间的神奇之路。它是人类智慧与勇气的结晶，也是中华儿女奋斗的象征。当《天路》这首歌曲响起，它如同一道嘹亮的呐喊，激荡着心中的热血与梦想。这是一个关于艰辛与困难的故事，也是一个关于奋斗与希望的故事。千山万水之中，建造者们不畏艰险，用坚定的信念和智慧开拓出了一条通向未来的道路。他们像一支铁军，矢志不渝，奋战在高原的土地上，用鲜血和汗水书写着一曲壮丽的乐章。讲演团将用歌声传递这份精神，穿过雪山，唱响那美丽圣洁的高原；越过荒原，倾听那饱经风霜的铁路故事。

### (二)歌曲《我的祖国》讲演团

**主题思想**　一首《我的祖国》唱出了志愿军战士的英雄主义气概，更唱出了对祖国、对家乡的无限热爱。讲演团以音乐的跃动讲述那段无数中国人民志愿军前仆后继保家卫国、奔赴抗美援朝战场的历史，用一个个鲜活的英雄故事感叹抗美援朝精神永存，号召青年一代在中华民族伟大复兴新征程上再立新功！

无论时代如何发展，请不要忘记七十多年前英雄的流血与牺牲，不要忘记英烈精神永存！无论时代如何发展，都要砥砺前行，不畏强暴！无论时代如何发展，都要激发守正创新、锐意进取的精神！

### (三)歌曲《学习雷锋好榜样》讲演团

**主题思想**　《学习雷锋好榜样》这首经典红歌一经问世，便以其特有的旋律和激情，唱遍大江南北，感染和激励着一代又一代人……唱雷锋、学雷锋、做雷锋，神州大地上高扬的雷锋精神始终熠熠生辉。英模的故事历久弥新，精神的力量超越时空，即便过去了大半个世纪，依然能从雷锋事迹、雷锋精神中获得人生的启迪，汲取奋进的力量。

### (四)歌曲《我和我的祖国》讲演团

**主题思想**　《我和我的祖国》唱出了中华儿女团结奋斗、自强不息的精神力量，在挖掘"我和我的祖国"的故事时，选取了中国科学院院士郭永怀、中国工程院院士林俊德、中国工程院院士钱清泉的事迹，讲述他们与祖国的故事。讲演团从故事引申出"什么是爱国主义"的主题——那就是祖国的利益始终高于个人利益，甘愿奉献自己，牺牲自己，用实际行动表达自己对祖国的爱。

### (五)歌曲《共和国之恋》讲演团

**主题思想**　新中国成立以来，一代代中国科技工作者为祖国奔赴而来，为中国的科技水平提高添砖加瓦。他们奉献自我，而形成的光辉是永恒的，促成了如今中国科学事业的辉煌大厦。爱国、创新、求实、奉献、协同、育人，这是闪烁在科学家们身上的光芒。

《共和国之恋》将展开科学家精神的乐章，宣讲中国共产党精神谱系，共鸣科学家们的家国情怀，感受科学家精神的时代魅力。

### (六)歌曲《为了谁》讲演团

**主题思想**　当我们沐浴着温暖的阳光，以昂扬的斗志走在新世纪的征途上，我们也从不会忘记那些一起走过的艰难岁月：1998年特大洪水暴发吞噬了无数安静祥和的村庄；2008年汶川地震摧毁了千万人温暖的家园；新冠肺炎疫情肆虐，在全国百姓的心里蒙上了阴影……一次次灾难历历在目。

但是，总有一群人无畏地选择了在灾难中逆行而上，用自己的身体乃至生命为人们筑起一道道坚挺的防线！他们的铿锵脚印记载着风雨沧桑，书写着不畏牺牲、勇毅前行的人民信仰。《为了谁》弘扬伟大的抗洪精神、抗震救灾精神和抗疫精神，歌颂平凡的奉献者，向灾难中的逆行者们致敬。讲演团将以文字传承精神内核，用音乐唱响时代主旋律，带领交大学子在《为了谁》的旋律中汇聚起奋勇向前的精神力量。

### (七)歌曲《国家》讲演团

**主题思想**　一首《国家》唱出了祖国母亲般的爱与包容，更唱出了无数赤子与祖国同呼吸、共命运的炽热灵魂。自古至今，团结统一、爱好和平、勤劳勇敢、自强不息的民族精神一直像一盏指路明灯，哪怕在祖国的边疆，在每天最后一缕阳光照耀的地方，依旧赓续着那份纯真的爱国主义精神。

"家是最小国，国是千万家。"无论时代如何发展，中华儿女始终用自己的力量保卫着祖国母亲，祖国母亲也悉心呵护着她的孩子们，回望伟大祖国在前行路上经历的曲曲折折和点点滴滴，用心倾听《国家》这首歌动人的旋律。怀一颗爱国的心，存一份报国的志，以更坚实有力的步伐，为中国梦书写华章！

### （八）歌曲《红军不怕远征难》讲演团

**主题思想** 史书的传颂者在低吟，英雄的歌咏者在浅唱，千丝万缕的思绪有两万五千里长，环绕在尚有温度的铁索上，盘旋在仍然激烈的大渡河中，穿越80余载，时至今日，一路前行的人啊，你怎能不为此驻足？

望不到草原上的险象丛生，却足以见百草之中的大义；望不到出发时的生离死别，却足见草鞋之中的深情。所以，一路前行的人啊，你应当为此驻足，让时间再次流动，让《红军不怕远征难》将故事重现给你听！

此间岁月，不望焰火，惟见烟霞。

### （九）歌曲《英雄赞歌》讲演团

**主题思想** 历史的长河中，有这样一群英雄，用他们的血与泪，保卫了我们的家园，他们浑身闪闪披彩虹，烽烟滚滚无畏惧，鸭绿江上照丹心。他们就是最可爱的人——中国人民志愿军。

在新时代新征程上，也有着许多满腔热血的英雄儿女，哪里需要他们，他们就到哪里去，把对祖国和人民的使命感、责任感薪火相传，用这份属于青年的力量，书写自己的精彩篇章。

"为什么大地春常在？英雄的生命开鲜花。"讲演团用一首荡气回肠的《英雄赞歌》带领学子们回望那段可歌可泣的历史，缅怀为国而战的英雄，接过英雄们披荆斩棘传递来的火炬和荣光。

### （十）歌曲《星辰大海》讲演团

**主题思想** 建党以来，数不清的爱国青年是那浩瀚夜空中一颗颗光芒耀眼的星辰，指引学子们向前进。青年建党、建国的先辈用热血点燃爱国情，汇聚如海。"百年征程，并非一片坦途，穿越人海，从不懈怠，永远都心怀期待。"他们的征程，是朝阳，是初春，是百卉之萌动，是利刃之新发于硎，是一个新的中国。

青年，要从建党、建国和奉献国家的英雄们身上，找到中华民族屹立于世界民族之林的中国精神，以爱国主义为核心，不忘初心、牢记使命，继承和发扬红船精神，铸就民族之魂。在《星辰大海》的歌声中，一起感受这磅礴力量！

## 二、活动创新点

"音乐里的故事"讲演团是西南交通大学为讲好中国故事、推进文化自信自强、将思政教育与艺术表演创新性融合的一项重要探索，用鲜活生动的案例故事打动人，用喜闻乐见的表演形式吸引人，有效提升思想政治教育亲和力，书写有温度的思政育人篇章。该项目深挖思政育人核心要素，紧跟时代发展潮流，创新性地将思政教育与文化育人结合起来，有效推动新时代高校思想政治教育工作高质量发展。

一是形式上新颖独特。"音乐里的故事"讲演团以学生主讲，并辅以形式多样的艺术表演，这个团队就像一支轻骑队，可以随时灵活地深入学生群体活动中，如班会、党支部活动、团支部活动等。此外，讲演内容由专业导师进行指导，有效地挖掘经典歌曲背后的思政价值，确保每个团队的讲演有高度、有深度、更有温度。

二是拓宽了思政工作思路。特色艺术思政微课致力解决传统思政教学内容不够鲜活、教育效果不够显著等问题，紧跟时代发展潮流，拓宽思政工作思路，创新性地将思政教育与文化育人结合起来，丰富思政教学手段和内容，与思政教育在弘扬主旋律、凝心聚力方面的功能具有主体和目标的一致性，具有核心与外围、共性与特色、课程思政与思政课程相结合的典型特征，充分体现了政治性与艺术性、显性教育与隐性教育的统一，助力加快构建目标明确、内容完善、标准健全、运行科学、保障有力、成效显著的"新时代特色，西南交大风格"思想政治工作体系。

三是提高了思政教学实效。"音乐里的故事"讲演团充分发挥学生主体作用，推动学生自主学习和训练，再由导师进行指导，用艺术的手法讲好中华民族的故事、中国共产党的故事、中国特色社会主义的故事、改革开放的故事和新时代的故事，切实用高雅红色艺术浸润学生美好心灵、培养高尚情操、提高政治自觉、激发爱党爱国情感，充分体现思政教育统一性与多样性、灌输性与启发性相统一，增强了思政课的思想性、艺术性和亲和力。特色艺术思政微课致力于打造受学生热烈欢迎、被学生深深喜爱、让学生学有所获的思政课堂，促进学生增强中国特色社会主义道路自信、理论自信、制度自信、文化自信，不仅实现了以德育唱、以唱传德，相互促进、相得益彰，也推进了价值性与知识性、理论性与实践性、主导性与主体性相统一，切实提升了思政课教学效果。

四是提升了育人成效。特色艺术思政微课在授课中加入音乐和舞蹈艺术表演，改革传统思政教育方法，创新了爱国主义、集体主义、社会主义和马克思主义理论教育等思政教育开展形式，发挥着立德树人引领性功能。音乐和舞蹈艺术表演作为感化人心、激励奋斗的艺术形式，与思政课程在弘扬主旋律、凝心聚力方面同向而行。在"课程思政"建设的大背景下，艺术与思政形成了良好的互动效应，于"美育"中体现"德育"的立场和方向，更于"德育"中体现"美育"的精致和精彩。

## 第三节　"音乐里的故事"实施情况

自 2022 年 6 月起，"音乐里的故事"讲演团面向全校开放预约，各学院可通过预约微课的方式开展主题党支部活动、主题班会、主题团日活动等。近一年来，讲演团受邀到各学院、班级、党支部、团支部等巡回讲演，深入走进 22 个学院，在 60 多个班级、党支部、团支部开展讲演场次 80 余场，覆盖学生近 6000 人。据不完全统计，讲演团的好评率高达 98% 以上，受到了师生的广泛欢迎和好评，也获得《光明日报》等媒体的宣传报道。

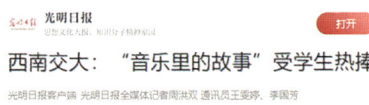

图 2-1　"音乐里的故事"讲演团的宣传报道图片

图 2-2 "音乐里的故事"活动现场图片(一)

图 2-3 "音乐里的故事"活动现场图片(二)

# 深耕第二课堂平台，突出艺术思政价值导向

西南交通大学紧紧围绕立德树人根本任务，近年来深入挖掘并拓展第二课堂文化资源，打造了大学生文化艺术节、"佳片有约"露天电影院、承唐讲坛、"梨园艺韵"精品戏曲文化月、审美与艺术修养提升训练营和走进大艺团——艺术表演体验月一系列校园文化品牌项目。这些项目主题鲜明、内容丰富，形成了立体化的文化活动体系，为学生提供了丰富的精神食粮。

大学生文化艺术节通过音乐、舞蹈、戏剧、诗词、摄影、文化沙龙、艺术体验等艺术形式推动思政教育，弘扬社会主义核心价值观；"佳片有约"露天电影院则运用经典电影艺术向学生宣传正能量；承唐讲坛连接起中华传统文化与当代价值追求，增强文化自信；"梨园艺韵"精品戏曲文化月举办各类优秀戏曲表演，传承中华优秀传统文化；审美与艺术修养提升训练营定制精彩文化艺术体验项目，探索美育工作与资助工作相结合的育人新模式；"走进大艺团——艺术表演体验月"为所有在校学生提供了体验艺术的便捷平台，让高雅艺术变得平易近人。这些文化活动不仅丰富了学生的课余文化生活，也在潜移默化中推进了思想政治教育作用，发挥了独特的育人价值。

展望未来，西南交通大学将持续深耕第二课堂文化阵地，通过艺术与思政的有机融合，打造富有时代气息、寓教于乐的校园文化品牌，努力为培养全面发展型人才做出积极贡献。

## 第一节　大学生文化艺术节

### 一、项目介绍

大学生文化艺术节是西南交通大学为提升学生审美和人文素养、弘扬中华优秀传统文化而举办的重要文化活动。自 2014 年创办以来，已成功举办十一届，

是学校文化素质教育工作的一张金名片，也是学校文化生活中的一大亮点。

大学生文化艺术节内容丰富多样，形式新颖，涵盖音乐、舞蹈、戏剧、绘画、摄影、传统文化体验、文化艺术讲座沙龙等多项艺术门类，为学生提供了展示才华、发挥创造力的文化艺术平台。同学们可以在这个舞台上展示风采，深入了解和感受不同艺术形式的魅力。

此外，大学生文化艺术节注重文化艺术、学科特色与思政教育的有机融合，积极激发不同院系学生的专长，组织举办面向全校师生的文化艺术活动。这种跨学科的交流与合作，不仅丰富了活动的内涵，也促进了学生之间的相互学习和共同进步。

通过开展丰富的文化艺术活动，大学生文化艺术节在推动思想政治教育、弘扬社会主义核心价值观方面发挥了积极作用。它以艺术为媒介，引导学生树立正确的世界观、人生观、价值观，增强了学生的文化自信和民族自豪感。同时，该活动也为校园文化建设注入了新的活力，营造了浓厚的文化氛围，对培养全面发展的高素质人才具有积极作用。

图 3-1　西南交通大学第十届大学生文化艺术节 Logo

## 二、项目实施情况

西南交通大学大学生文化艺术节坚守着"以美育人、以美化人、以美培元"的这份初心，已连续十一年为全校师生带来了丰富多彩的文化艺术活动。近四年来，大学生文化艺术节面向各学院学生工作组申报，共立项 88 个项目，通过结项 84 个项目。在党的二十大精神的指引下，积极鼓励全体学生参与，将艺术节活动与艺术课程、学生艺术社团、校园文化建设相结合，与重大历史事件纪念日和中华民族传统节庆相结合，以普及促提高，以提高促普及，形成了"院院有品牌、人人都参加"的良好局面。

在项目实施过程中，西南交通大学秉持着让每位学生至少参加一项艺术活动的原则，将文化艺术节从最初的"音乐与舞蹈、审美与实践、美术与实践、文化与传承、影视与传播"五个类别，调整细化为艺术活动和艺术展演两大部分。艺术活动部分包括校园戏剧节、校园诗歌文化节、校园阅读文化节、校园歌友会等形式；艺术展演则由艺术表演类和艺术作品类两个部分组成，其中，艺术表演类包括校园歌手大赛、校园合唱比赛、校园舞蹈比赛、校园钢琴比赛、校园朗诵比赛等，艺术作品类包括绘画、书法、平面&立体设计、摄影、微电影征集等。表3-1汇总了第八届至第十一届大学生文化艺术节的立项情况，可从中窥见类别的调整情况。

表3-1 第八届至第十一届大学生文化艺术节立项情况汇总

| 届次 | 序号 | 项目类别 | 项目名称 |
| --- | --- | --- | --- |
| 第八届大学生文化艺术节 | 1 | 音乐与舞蹈 | "爱音乐"校园歌手挑战赛 |
| | 2 | | "音海徜徉，青春畅想"校园音乐会 |
| | 3 | | 逐梦之时——大学生艺术团现代音乐乐团专场演出 |
| | 4 | | 国乐专场音乐会 |
| | 5 | 艺术审美与实践 | 新时代最强音——声临奇境声音晚会 |
| | 6 | | 舞蹈在路上 |
| | 7 | | 光影记忆，映画之旅——经典永流传电影展播系列活动 |
| | 8 | 戏剧与戏曲 | 经典话剧《暗恋桃花源》 |
| | 9 | 绘画与摄影 | "镜头下的红色印记"主题摄影大赛 |
| | 10 | | "溯源启新"中华优秀传统文化体验日 |
| | 11 | | 国风音乐晚会 |
| | 12 | 传统文化体验与传承 | 人格美育之君子文化传承与弘扬 |
| | 13 | | "中国梦，劳动美"劳动文化节 |
| | 14 | | "盛世诵华章，交子咏辉煌"诗歌朗诵比赛 |
| | 15 | | 扎染初体验，非遗零距离 |
| | 16 | 文化艺术讲座与沙龙 | 艺术中的数学——"真理与美" |

续表

| 届次 | 序号 | 项目类别 | 项目名称 |
| --- | --- | --- | --- |
| 第九届大学生文化艺术节 | 17 | 音乐与舞蹈 | "橙"风破浪——橙·合唱团音乐会 |
| | 18 | | "唱响青春"2022承唐歌友演唱会 |
| | 19 | | "青春使命，畅想未来"校园音乐会 |
| | 20 | | "器扬青春，悦动心弦"音乐体验营 |
| | 21 | | "音你心动"声音晚会 |
| | 22 | | "爱音乐"校园歌手挑战大赛 |
| | 23 | | "闻灯浅望月"国风音乐晚会 |
| | 24 | 艺术审美与实践 | 西南交通大学"筑梦者"朗诵艺术大赛 |
| | 25 | | "创新魂·艺术美"大学生科技文化节 |
| | 26 | | "追忆革命岁月，传承红色文化"主题配音比赛 |
| | 27 | | "撷生命自然之美，绽人文艺术之花"植物艺术创作作品展 |
| | 28 | | 青春逐梦，奋斗最美——新时代建设者光影艺术展播系列活动 |
| | 29 | | 跃影笔上——经典电影评论大赛 |
| | 30 | | 礼仪花开，浸润校园——大学生综合素养提升训练营 |
| | 31 | | 数耀中华——西南交通大学数学文化节 |
| | 32 | 书画与摄影 | "砥砺奋进新时代，劳动筑梦新征程"主题摄影大赛 |
| | 33 | | "正桃李年华，书青年意气"书画作品巡展 |
| | 34 | 传统文化体验与传承 | "端午飘香，粽情于你"端午文化体验活动 |
| | 35 | | "溯源启新"中华优秀传统文化体验活动 |
| | 36 | | "弘扬非遗文化"剪纸与扎染艺术体验 |
| | 37 | | "匠心独韵"陶艺传承与体验 |
| | 38 | | 蜀色羌韵——见云端上的非遗羌绣体验 |
| | 39 | 文化艺术讲座与沙龙 | 从铁路摄影中感悟铁路故事和文化——铁路文化艺术主题讲座 |

续表

| 届次 | 序号 | 项目类别 | 项目名称 |
|---|---|---|---|
| 第十届大学生文化艺术节 | 40 | 艺术活动 | 蜀色羌寨——见云端上的非遗 |
| | 41 | | 四川博物院文化艺术讲坛进校园 |
| | 42 | | 审美与艺术素养提升训练营 |
| | 43 | | 西南交通大学"少年群星闪耀时"戏剧表演艺术节 |
| | 44 | | "粽叶飘香，悦享端午"文化体验活动 |
| | 45 | | "舞动青春"校园舞蹈大赛 |
| | 46 | | "共沐书香　博彩华章"校园阅读文化节 |
| | 47 | | "溯源启新"中华优秀文化体验活动 |
| | 48 | | "筑梦者"朗诵艺术训练营 |
| | 49 | | "以梦为马　艺动韶华"校园音乐会 |
| | 50 | | "礼赞二十大　诵读新时代"诗歌文化节 |
| | 51 | | "学习传统文化，传承中华美学"中华优秀传统文化体验周活动 |
| | 52 | 艺术展演 | 校园微电影征集大赛 |
| | 53 | | "光影献礼二十大，向美而行新征程"摄影比赛 |
| | 54 | | 校园朗诵比赛 |
| | 55 | | 引吭时代，高歌未来——校园合唱比赛 |
| | 56 | | "抉择"主题征文比赛 |
| | 57 | | 校园钢琴大赛 |
| | 58 | | "音为梦响"校园歌手大赛 |
| | 59 | | 校园毕业音乐会 |
| | 60 | | "书写经典　翰墨飘香"软笔书法比赛 |
| | 61 | | "创艺之光"平面&立体设计艺术比赛 |
| | 62 | | 西南交通大学绘画比赛 |
| | 63 | | "声临其境"校园配音大赛 |
| | 64 | | "弘扬中国精神，做新时代追梦人"主题征文大赛 |

续表

| 届次 | 序号 | 项目类别 | 项目名称 |
| --- | --- | --- | --- |
| 第十一届大学生文化艺术节 | 65 | 艺术活动 | "蜀色羌韵"非遗集市 |
| | 66 | | "龙行龘龘 逐梦航空"航空航天手工创意文化节 |
| | 67 | | 审美与艺术素养提升训练营 |
| | 68 | | "少年群星闪耀时"戏剧表演艺术节 |
| | 69 | | "粽叶飘香 悦享端午"文化体验活动 |
| | 70 | | "书香致远"校园阅读文化节 |
| | 71 | | "溯源启新"中华优秀文化体验活动 |
| | 72 | | "瓶"空再造环保手工艺术品展 |
| | 73 | | "诗意江山 多彩华章"校园诗歌文化节 |
| | 74 | | "品味化学之美 感悟科学魅力"化学文化节 |
| | 75 | | "天码行空——AI+"文化艺术系列活动 |
| | 75 | 艺术展演 | "光影青春 微你闪耀"校园微电影征集大赛 |
| | 77 | | "青春视界 向美而行"校园摄影比赛 |
| | 78 | | "书写经典 翰墨飘香"软笔书法比赛 |
| | 79 | | "创艺之光"平面&立体设计艺术比赛 |
| | 80 | | "梦启田园"主题绘画比赛 |
| | 81 | | "弘扬科学家精神 争做新时代追梦人"主题征文大赛 |
| | 82 | | "赏国风古韵 颂中华经典"古诗词诵读比赛 |
| | 83 | | "声机盎然 交大之言"校园主持人大赛 |
| | 84 | | "琴律悠扬 音你而来"校园钢琴大赛 |
| | 85 | | "音为梦响"校园歌手挑战大赛 |
| | 86 | | "同颂扬华共青春"夏日毕业音乐会 |
| | 87 | | "筑梦青春 绽放芳华"校园舞蹈大赛 |
| | 88 | | "传承红色基因 争做时代新人"红色经典作品诵读展演 |

## 三、项目创新点

### （一）多学科融合，展现艺术思政新风采

在大学生文化艺术节中，多学科融合是一个重要的创新点。各学院结合自身特色，发挥学生专长，打造有特色的文化艺术节项目，将不同学科的元素融入艺术创作中，展现出艺术思政的新风采。

多学科融合为文化艺术节带来了丰富的内容和多样的形式。通过音乐、舞蹈、戏剧、绘画、摄影等艺术形式，与其他学科领域进行深度融合，创作出有思想高度兼具艺术审美的作品。例如，将文学作品改编为舞台剧，通过戏剧表演传递其中的思想内涵；或者将历史事件以绘画和摄影艺术形式进行展示，引发观众对历史的思考和反思。

通过多学科融合，大学生文化艺术节为学生提供了一个更广阔的平台，让他们在艺术创作中表达自己的观点和情感，同时也能在欣赏艺术作品的过程中受到思想政治教育的启迪。这种创新的方式使得艺术与思政相互融合，达到了润物细无声的教育效果。

### （二）体系化和届次化，构建艺术思政新格局

大学生文化艺术节的项目正在逐步走向体系化和届次化，这也是项目创新点的重要体现。通过构建体系化和届次化的文化艺术节，已逐步形成一种稳定而持续的艺术思政新格局。

体系化的文化艺术节意味着将各个项目有机地整合在一起，形成一个相互关联、相互支撑的整体。每个项目都有其独特的主题和目标，但它们又共同构成了一个完整的艺术思政教育体系。这种体系化的设计有助于确保文化艺术节的全面性和连贯性，让学生在参与不同项目的过程中，能够获得全方位的艺术思政教育。

届次化的实施则为文化艺术节带来了稳定性和持续性。每届文化艺术节都有明确的时间节点和目标，这样可以形成一种惯例和传统。学生们可以在每届文化艺术节中积累经验、不断进步，同时也能形成对文化艺术节的期待和参与意识。

通过体系化和届次化的实施，大学生文化艺术节能够更好地整合资源，提高项目的质量和影响力。这有助于形成品牌效应，吸引更多的学生参与其中，在校园内营造出浓厚的艺术氛围。

图 3-2　第十届大学生文化艺术节部分现场照片

大学生文化艺术节以艺术为媒介，将思政元素融入其中，让学生在参与活动的过程中，不仅能够提升艺术修养，还能够接受思想政治教育，增强爱国主义情怀和社会责任感。这种寓教于乐的方式，使学生在参与文化艺术节的过程中，潜移默化地接受了思想政治教育，提高了自身的思想觉悟和道德素质。这种教育方式既具有思政性，又具有艺术性，使学生在享受艺术盛宴的同时，也得到了思想的洗礼和升华。

## 第二节　"佳片有约"露天影院

### 一、项目介绍

"佳片有约"露天影院是西南交通大学为丰富师生文化生活而精心打造的优质经典影片露天放映活动。"佳片有约"露天影院放映内容丰富，涵盖了社会观察、历史传记、成长励志等不同题材，既有经典老片，也有当代佳作和热门新片。每次放映影片的具体信息都会提前公布，让师生可以提前了解并选择自己感兴趣的电影。为给学生们带来更加舒适的观影体验，现场的布置非常温馨浪漫。在这里，师生们可以在星空下共同欣赏电影，感受独特的观影氛围。

## 二、项目实施情况

"佳片有约"露天影院运用电影这种第七艺术的特殊感染力，将主流价值观融入学生观演过程中，为学生提供了一个放松身心、享受艺术的平台，在大学生综合素质提升领域发挥了独特作用。

自 2022 年 6 月启动以来，已成功开展二十余场"佳片有约"露天影院放映活动，场场放映座无虚席，师生反响热烈，已形成特色的校园文化品牌，在激发大学生参加课外文化艺术活动的主观能动性方面发挥重要意义。

## 三、项目创新点

项目以实现"三走"（走下网络、走出宿舍、走向操场）为工作目标，激发学生参与课外活动的主观能动性，鼓励学生积极参与课外活动，吸引学生的注意力，让他们从虚拟的网络世界和封闭的宿舍环境中走出来，投身到更加健康积极的户外活动中，促进身心健康的发展。

"佳片有约"露天电影院采用具有时代记忆的"坝坝电影"形式，深入挖掘优质国产影片，精心挑选蕴含爱国主义教育价值与思想政治教育内涵的精品电影，在校园生活场域中放映具有标杆意义的影片，能让学生们在欣赏电影的过程中，接受思想政治教育的洗礼，从而让思政教育"活"起来。项目在电影选题上下足功夫，注重影片的教育性、思想性和艺术性，精心挑选那些主旋律鲜明、内涵深刻的影片。这类电影往往能引起强烈的情感共鸣，自然也就激发了学生在观影过程中对人生、社会乃至国家命运的深层思考；在观影氛围上下足功夫，通过场地装饰、小食提供等环节营造舒适惬意的体验。

"佳片有约"所放映的电影传达的价值观与思想政治教育的内涵高度契合，使学生们在欣赏电影的过程中，潜移默化地接受了爱国主义、集体主义和社会主义核心价值观的教育。这种创新的教育方式让思政教育不再局限于课堂教学，而是通过电影这一艺术形式，更加生动地传递给学生，为学生们提供了一个更加生动、直观的思想政治教育平台，使思政教育更加深入人心。"佳片有约"露天影院部分场次见表 3-2。

表3-2　"佳片有约"露天影院部分场次

| 放映场次 | 放映时间 | 放映地点 | 放映影片 |
| --- | --- | --- | --- |
| 第一场 | 6月10日（周五）晚19:30 | 犀浦校区飞碟体育馆东入口 | 《奇迹·笨小孩》 |
| 第二场 | 6月17日（周五）晚20:00 | 九里校区大学生会堂正门广场 | 《狙击手》 |
| 第三场 | 6月24日（周五）晚20:20 | 犀浦校区飞碟体育馆东入口 | 《你好，李焕英》 |
| 第四场 | 7月1日（周五）晚20:20 | 九里校区大学生会堂正门广场 | 《革命者》 |
| 第五场 | 10月4日（周二）晚18:30 | 犀浦校区飞碟体育馆东入口 | 《我和我的祖国》 |
| 第六场 | 10月14日（周五）晚18:45 | 九里校区大学生会堂正门广场 | 《万里归途》 |
| 第七场 | 10月21日（周五）晚18:45 | 犀浦校区飞碟体育馆东入口 | 《万里归途》 |
| 第八场 | 10月28日（周五）晚18:45 | 九里校区大学生会堂正门广场 | 《人生大事》 |
| 第九场 | 11月4日（周五）晚18:45 | 犀浦校区飞碟体育馆东入口 | 《独行月球》 |
| 第十场 | 11月11日（周五）18:45 | 九里校区大学生会堂正门广场 | 《独行月球》 |
| 第十一场 | 3月10日（周五）晚19:30 | 犀浦校区飞碟体育馆东入口 | 《中国乒乓之绝地反击》 |
| 第十二场 | 3月17日（周五）晚19:30 | 九里校区大学生会堂正门广场 | 《中国乒乓之绝地反击》 |
| 第十三场 | 3月24日（周五）晚19:30 | 犀浦校区飞碟体育馆东入口 | 《满江红》 |
| 第十四场 | 3月31日（周五）晚19:30 | 九里校区大学生会堂正门广场 | 《白蛇传·情》 |
| 第十五场 | 4月7日（周五）晚19:30 | 犀浦校区飞碟体育馆东入口 | 《流浪地球2》 |
| 第十六场 | 4月14日（周五）晚19:30 | 九里校区大学生会堂正门广场 | 《流浪地球2》 |
| 第十七场 | 10月13日（周五）晚19:00 | 九里校区大学生会堂正门广场 | 《孤注一掷》 |
| 第十八场 | 10月20日（周五）晚19:00 | 犀浦校区飞碟体育馆东入口 | 《孤注一掷》 |
| 第十九场 | 10月27日（周五）晚19:00 | 九里校区大学生会堂正门广场 | 《长安三万里》 |

图 3-3 "佳片有约"露天电影院部分现场图片(一)

图 3-4 "佳片有约"露天电影院部分现场图片(二)

第三章 深耕第二课堂平台,突出艺术思政价值导向

## 第三节　承唐讲坛

### 一、项目介绍

承唐讲坛是一个致力于提升学生人文素养的高规格文化讲坛，其主讲嘉宾来自不同领域，涵盖作家、学者、文化名人等各类人士，他们在论坛中分享自身深厚的学术造诣、丰富的人生经验或独特的见解视角，为师生带来一场场精神盛宴。通过与嘉宾的面对面交流，近距离感受大师名家的人格魅力和治学精神，不仅进一步打开参与观众的文化视野，也激发广大学子的灵感与热情。

作为西南交通大学文化讲座品牌活动，承唐讲坛以其丰富多彩的讲座主题和文化内容，为丰富校园文化生活、促进学术交流、推广文化精神等方面作出了积极贡献，具有重要的育人意义和价值。

### 二、项目实施情况

自 2018 年创办以来，承唐讲坛已成为校内备受瞩目的文化活动。项目以提升学生人文素养为目标，通过邀请各领域嘉宾进行分享，为师生提供一个了解多元文化和知识的平台。该项目致力于打造高规格的文化交流空间，拓宽学生视野，培养其人文情怀和综合素质。

讲坛主题涉及文学、艺术、历史、哲学等多个学科领域：蒙曼教授深入解读唐诗背后的文化内涵和人文精神；郎永淳先生分享如何平衡理想与现实的心得体会；唐文婷女士将传统国乐与古诗相结合，展现音乐与文学的美妙交融；朱迅女士回忆青春岁月，分享关于青春、奋斗和成长的感悟；刘光宇先生以音乐为载体，呈现一场别开生面的艺术盛宴；马伯庸先生分享关于文学创作的思考和心得等。

每场讲坛都受到师生的广泛关注，现场座无虚席。学生对承唐讲坛的反馈非常积极，许多学生表示，通过参与讲坛，对相关领域的知识和文化有更深入的了解，自己的视野得到拓宽。同时，学生也赞扬讲坛的嘉宾阵容和内容质量，纷纷表示收获颇丰。

## 三、项目创新点

### （一）以名人效应增强吸引力，引导学生成长成才

近五年来，承唐讲坛邀请到朱迅、郎永淳、蒙曼、马伯庸等众多社会名人和文化大家走进学校开展文化讲座，他们或是在学术领域有着深厚的造诣，从自身学科专业出发为交大师生讲学经典，或是拥有广泛的社会影响力和知名度，以自己的成才经验为例，分享人生智慧。承唐讲坛不仅为学生提供一个与智者对话的机会，也为他们树立榜样，向他们传递人文精神和爱国情怀，激励交大学子在学术和人生道路上追求更高的目标。

### （二）以跨学科整合丰富讲座内容，拓展学生思维方式

承唐讲坛注重跨学科融合，涵盖历史、文学、哲学、艺术等多个领域。这种跨学科整合的方式使得文化知识与学术思维得以有机结合，为观众提供更全面、更深入的文化视角，同时，也有助于激发观众的创造力与想象力，培养他们的跨学科思考能力。

### （三）以多元化呈现方式创新讲座形式

承唐讲坛采用多元化呈现方式，包括互动问答、表演讲解等。这些方式的运用使得讲座内容能够更加生动形象地呈现在学生面前，增强他们的参与感和体验感。同时，这种多元化呈现方式也有助于提高学生的兴趣和热情。

### （四）注重结合时代背景诠释讲座内容

承唐讲坛注重结合时代背景对文化知识进行解读与分析，通过引入现代社会学、人类学、哲学等学科理论和解读视角，由主讲人进行现代诠释和创新延展，使其更具有现实意义和时代价值。这种结合时代背景的方式有助于激发学生听众的文化自信和民族自豪感，同时也为传统文化的现代转型和发展提供了有益的思路和借鉴。

图 3-5 承堂讲坛现场照片（一）

图 3-6 承堂讲坛现场照片（二）

# 第四节 "梨园艺韵"精品戏曲文化月

## 一、项目介绍

"梨园艺韵"精品戏曲文化月是西南交通大学为弘扬中华优秀传统文化而举办的品牌项目。该项目内含戏曲类型广泛，涵盖川剧、京剧、越剧等多个地方戏种，以及木偶戏、皮影戏等民间艺术。参演团体均为川内顶级戏曲表演团队，他们深入校园，向学生零距离展示川剧、京剧等高雅艺术的魅力。

"梨园艺韵"精品戏曲文化月以各类高水平的中国传统地方戏曲艺术为主要内容，以弘扬中华优秀传统文化的魅力为主要目的，在学生群体中集中展演独特隽永的传统戏曲艺术。每场演出的演员们都以精湛的技艺和深情的演绎，将戏曲中的情感、故事和文化内涵传递给观众。无论是令人叹为观止的川剧变脸，还是引人入胜的京剧桥段，抑或是悠扬婉转的越剧唱腔，每一个细节都展现出中国戏曲的精妙绝伦。

"梨园艺韵"精品戏曲文化月为学生提供一个近距离感受中国传统文化魅力的平台。这一活动不仅有助于丰富校园文化生活，还促进学生对传统文化的认知和传承。学生在沉浸式欣赏戏曲表演的过程中，能够切身领略到中国传统艺术的博大精深。

## 二、项目实施情况

"梨园艺韵"精品戏曲文化月自2023年4月启动以来，已成功举办两期，成为我校弘扬中华优秀传统文化的一张亮丽名片，并受到校外媒体的广泛关注，其中《光明日报》进行特别报道。

成都市木偶皮影剧团带着精彩剧目《木偶嘉年华——光影传说》走进校园，将传统木偶剧进行创新演绎，让现场观众耳目一新，叹为观止。演出展现了木偶变脸、吐火等绝技，让学生们在轻松愉悦的氛围中领略中华文化的无穷魅力。

《四川曲艺》演出包括四川扬琴、四川清音、四川竹琴、四川金钱板、谐剧等十余个国家级和四川省级非物质文化遗产项目，由四川省曲艺研究院承演。轻松幽默的四川方言剧、四川曲剧、小品、散打评书、民族声乐、民族器乐等表演精彩纷呈，让观众们充分感受到四川曲艺的独特魅力。

由南充川剧院呈现的大型经典川剧《白蛇传》，戏剧主题鲜明，故事架构饱满，剧情跌宕起伏，艺术形式独特，文化内涵深厚，赢得在场师生的一致好评。

人文学院 2021 级本科生成同学表示："《白蛇传》给我很大的惊喜，印象最深的是扮演蛤蟆精的演员老师在语调和神态上栩栩如生。很喜欢这样一种有特色的表演方式，希望以后能看到更多的川剧。"

人文学院 2022 级本科生闻同学表示："这部剧的整个剧情充满浪漫和奇幻色彩，同时也蕴含着爱情的伟大和人性的善良美好等深刻的人生哲理。让人对生活充满信心和勇气，相信自己也可以战胜学习生活中各种各样的困难和挑战。"

心理研究与咨询中心 2022 级本科生刘同学感叹："看完川剧之后，我充分感受到传统文化的魅力。带有川音的唱腔让我觉得非常亲切，我对家乡文化感到深深地自豪！"

"梨园艺韵"精品戏曲文化月活动为传统文化在交大校园的传承和发展注入新的活力，让更多的青年学生了解和喜爱上传统戏曲，进一步增强交大学子对中华优秀传统文化的兴趣和热爱。与此同时，学校积极邀请戏曲专家和名家进校指导，开展戏曲文化体验活动。此外，学校将戏曲文化元素融入校园媒体宣传，以引导学生发挥创造力，创新弘扬戏曲文化的形式和内容。今后，学校还将持续加强与校外戏曲文化机构的联系，希望引进和举办更多优质传统文化普及项目。

## 三、项目创新点

### （一）顶级团队进校园，传承经典零距离

"梨园艺韵"精品戏曲文化月活动的最大亮点是，项目邀请到川内专业戏曲表演团队走进校园。这种"请进来"的形式，为学生们带来一场场别开生面的文化盛宴，让学生们无需走出校园就能接触到高水平的艺术表演，极大地丰富了校园文化生活。同时，与专业演员的近距离交流也有助于激发学生对传统戏曲艺术的兴趣，有利于中华优秀传统文化深入高校大学生群体，推动文化传承。

### （二）以艺为媒，思政为先，打造全新育人模式

"梨园艺韵"精品戏曲文化月不仅仅呈现了一场场艺术盛宴，更是首次尝试将传统戏曲艺术与思政教育连贯互通。每次活动都将戏曲艺术作为一种生动的教育方式，引导学生在欣赏艺术的同时，思考和领悟其中所蕴含的人文精神和价值观念。

图 3-7 "梨园艺韵"精品戏曲文化月部分现场演出照片(一)

图 3-8 "梨园艺韵"精品戏曲文化月部分现场演出图片(二)

## 第五节　审美与艺术修养提升训练营

### 一、项目介绍

审美与艺术修养提升训练营（以下简称"训练营"）是学校将文化育人与资助育人相结合的特色艺术实践项目，旨在提高参与学生的审美修养与艺术鉴赏能力。项目每期围绕音乐、舞蹈、戏剧等艺术领域开展一系列丰富多彩的体验活动，吸引了一批批在校学生参与。审美与艺术修养提升训练营的内容充实有趣，涵盖艺术作品鉴赏、艺术讲座互动、传统艺术体验等方面。通过欣赏经典艺术作品，学生能够深入了解艺术的内涵和魅力；通过与艺术家面对面地交流，激发学生的审美意识和艺术热情；通过亲身体验中国传统艺术，让学生感悟传统文化的博大精深。

同时，训练营还配套开设了演讲口才训练和形体礼仪培训等项目，这些培训有助于提高学生的表达能力和沟通技巧，塑造良好的形象和仪态。值得一提的是，训练营特别关注家庭经济困难学生，用心规划每一期的项目，为他们提供一个接触高雅艺术、拓展视野思维、提升审美素养和增强交流沟通的平台。

### 二、项目实施情况

自2017年以来，审美与艺术修养提升训练营已成功举办8期，涵盖文学、音乐、舞蹈、戏剧等艺术领域，受益人数近400人。训练营以家庭经济困难学生为主要招募对象，通过定制各类艺术活动，提高他们的审美修养和艺术鉴赏能力，促进个人全面发展。

对于参与对象来说，审美与艺术修养提升训练营对他们具有重要的意义。首先，训练营的营员们通常是以嘉宾的身份参加各种校内大型的艺术活动和演出，并且在省市级艺术剧场观赏戏剧、音乐剧、话剧、音乐会等高雅演出，亲身观摩优秀艺术作品，充分感受到艺术的魅力，并从中汲取灵感和知识，这种艺术体验对于他们的个人成长和视野拓展或有不可估量的价值；其次，训练营还注重培养学生的文化素养和跨学科交流能力。通过参加大学生艺术团艺术体验月活动、经典文艺作品观摩、演讲与口才训练和中华传统艺术体验等项目，学生能够了解不同文化背景下的艺术形式和传统，拓宽自己的文化视野。同时，他们还能够与来自不同专业背景的同学交流互动，共同探索艺术的奥秘和无限可能，这种跨学科的交流与合作不仅有助于培养学生的综合素质和创新思维，也为他们提供了宝贵的社交机会，促进了彼此之间的友谊与合作。

展望未来，审美与艺术修养提升训练营将继续发挥其优势和影响力，为更多学生提供学习和成长的平台。随着训练营内容的不断拓展和参与人数的持续增加，期待更多学生能够通过这一平台接触到丰富多彩的艺术形式和文化传统，从而拓宽自己的视野、激发创新思维并培养出全面的个人素养。同时，也期待训练营能够继续发挥其在校园文化建设和跨学科交流方面的积极作用，为学校的发展注入更多的活力和创意。

### 三、项目创新点

（一）探索"艺术实践＋资助"融合新模式

审美与艺术修养提升训练营积极探索艺术实践工作与发展型资助的有机结合，通过组织高水准的音乐会、戏剧观摩等文化艺术体验项目，有针对性地制订提高学生审美素养的训练计划，并优先面向家庭经济困难学生开放报名，鼓励和引导他们参与其中，为经济困难学生提供发展型资助，让学生在艺术体验与实践的过程中，潜移默化地塑造自己的品格和价值观，帮助他们提升综合素质，促进全面发展。

（二）强调理论实践结合，推动美育内化为学生成长动力

训练营内容设置注重理论联系实际，将观摩与体验、理论与实践相结合，旨在将文化艺术的美感内化为学生成长的动力。在训练营中，学生们不仅能够学习到艺术理论知识，还能够通过体验艺术创作和表演来加深对艺术的理解。

## 第六节　走进大艺团——艺术表演体验月

### 一、项目介绍

"走进大艺团——艺术表演体验月"活动是依托大学生艺术团、面向全体在校学生开展的艺术表演体验活动。在艺术思政体系中，表演艺术是重要组成部分，学生只有具备一定的审美意识和艺术水准，才能充分领略和感悟艺术思政作品中所蕴含的精神力量。

大学生艺术团是学校开展艺术实践的主力军，是提升学生艺术修养、开展校园文化艺术活动、促进学校美育工作发展的重要支撑力量。为提高学生审美意识、普及艺术表演知识、传播高雅艺术，发挥大学生艺术团在丰富学生校园文化生活中的先锋模范作用，学校开展了"走进大艺团——艺术表演体验月"活动。

图 3-9　艺术表演体验月教学现场

本项目是一个多元化的艺术实践体验项目，涵盖声乐、器乐、舞蹈、戏剧等艺术门类，通过为期一月的艺术体验，引导学生在感受大学生艺术团的训练日常中接触并初步了解一至两门艺术表演，旨在建立具有普惠机制的、面向全校学生的浸润式艺术实践模式，营造学校多元化艺术实践氛围。项目面向全体在校全日制本研学生申报，每期招募约40人进行艺术团深度体验，由艺术团各分团团长担任各艺术类别体验导师，并实行师徒制。体验月的主要内容包括参与日常训练、观摩专业表演、学习乐理知识、接受艺术指导等。学生在此不仅能感受到艺术表演的魅力，还能交流经验心得，收获志同道合的伙伴。

图 3-10　艺术表演体验月见面会合影

图 3-11　艺术表演体验月见面会

## 二、项目实施情况

"走进大艺团——艺术表演体验月"已经成功举办三期,参与人数约130人,内容涵盖合唱、乐器演奏、舞蹈表演、乐理知识等,参与者在艺术训练表演和传统文化观摩体验的过程中零距离接触和感受艺术之美。活动不仅组织学生观摩和学习专业表演,还邀请专业教师授课,为学生讲解基础乐理知识和艺术技巧。该项目切实提高了大学生的综合素质,创新了人才培养模式,受到参与者的一致好评。

## 三、项目创新点

"走进大艺团——艺术表演体验月"是西南交通大学为普及高雅艺术、提升学生艺术审美素养、润化美好心灵的一项创新艺术实践活动。通过沉浸式的艺术体验,点燃学生对艺术表演的热情;通过细致专业的指导,提高学生的艺术技能和审美水平;通过师徒传授等体验方式,让学生感受艺术的乐趣,活跃校园文化氛围,促进校园文化建设,有效推动学校艺术思政教育体系的不断完善。

一是创新校园艺术实践模式。通常情况下,校内艺术实践项目仅限于观看和简单互动。而本项目要求学生花费一个月的时间深入体验某一项表演艺术,尝试学习艺术技能，亲身感受艺术魅力，是一种创新的艺术实践模式。在校学生通过参与大学生艺术团的日常训练和观摩表演，与高水平的艺术团学生一起训练学习，这种浸润式的体验方式有助于学生更好地学习艺术技巧、理解艺术内涵，更系统地提升艺术审美素养，有利于学生的个性化发展和综合能力提升。

二是增强艺术团的引领示范效果。艺术团是校园文化艺术实践活动的先锋队和主力军，在学校的各大文艺演出比赛中发挥着主要作用，为学校的文化艺术氛围营造、文化建设和艺术专项荣誉等方面作出了积极贡献。然而，许多学生对艺术团的了解有限，存在明显的距离感。通过艺术表演体验月项目面向全体学生招募学员，义务教授艺术表演知识和技能，让艺术"小白"穿上表演服装，深度体验艺术表演过程，让艺术团的团员们主动走下舞台，走进同学之间，用艺术特长服务同学的文化生活需求，传递真善美，进一步增强了大学生高水平艺术团在校园文化建设中的引领示范作用。

三是完善学校艺术思政体系。传统的艺术思政项目的参与方式多为观看和浅层互动，而作为受众群体的学生若对所参与的艺术思政项目没有基本的了解、缺乏艺术鉴赏能力，就会导致艺术思政体系缺少受众基础，其育人效果大打折扣，不利于体系的系统化构建。艺术表演体验月为全校学生搭建了一个能够深度体验艺术技能、切实提高文化艺术修养的实践平台，有效地推动了艺术思政项目的开展，丰富了学校艺术思政体系的教育内涵。

图 3-12　现场体验照片（一）

图 3-13 现场体验照片（二）

图 3-14 现场体验照片（三）

艺术无界，体验无限，艺术表演体验月引导学生用心感受艺术，尽情享受艺术，在体验艺术的过程中提高审美素养，愉悦身心，健康成长。今后学校将继续优化项目内容和形式，提升项目效果和质量，持续改进，努力将"走进大艺团——艺术表演体验月"打造成学校艺术思政体系的一个重要品牌。

# 重视原创作品创作，展示艺术思政教育成效

第四章

## 第一节  大学生文化艺术审美与创新训练计划（SCTP）

### 一、项目介绍

西南交通大学大学生文化艺术审美与创新训练计划（Student Training Program of Culture and Art Aesthetic and Innovation，以下简称"SCTP"）由学校党委学生工作部及教务处联合开设，项目以社会主义核心价值观为引领，以弘扬中华美育精神为方向，以繁荣校园优秀文化艺术原创为风尚，是针对全体在校学生（本研）进行人文素养提升的专项训练计划。旨在通过"中华优秀传统文化传承与创新"和"原创校园文化艺术"两类项目，引导我校学生主动寻找中华优秀传统文化基因，礼敬中华优秀传统文化，唤起青年一代主动对优秀文化传承与创新的意识与责任担当，鼓励我校师生积极参与校园文化艺术的研讨与创作，持续推动校园原创文化艺术的创新性发展，发掘出思想精深、艺术精湛、制作精良、有推广价值的原创校园文化精品力作，增强学生们的爱校荣校情怀。

SCTP 包含两个研究类别：

（一）中华优秀传统文化传承与创新（A 类）

此类别包含以下范围：中国传统思想文化、传统文学、传统建筑特色文化、传统节日节气文化研究、地域传统文化（含少数民族地域文化）研究、中国传

统棋琴书画研究、中国民间艺术采风研究、民间工艺制作采风研究、传统中医药文化等领域，所有申报项目都必须体现中华优秀传统文化的传承与创新特征，项目成果需弘扬中华美育精神，并对现实社会具有积极的指导意义和推广价值。

图 4-1　西南交通大学大学生文化艺术审美与创新训练计划 (SCTP)Logo

（二）原创校园文化艺术（B 类）

此类别包含以下范围：音乐、舞蹈、舞台剧、文学、绘画、书法、摄影、艺术采风创作、微电影、文创产品设计等文化艺术类创作，须为在申报立项前未公开发表（发布）或演出的原创作品。创作主题应鲜明，深入生活，具有时代特征，坚持正确的创作导向，体现社会主义核心价值观，倡导爱国爱校情怀，传递正能量，并具有较高的艺术性、思想性和传播价值。

SCTP 于每年 3 月面向全校发布项目申报通知，由个人自愿组队报名，经学院初选后推荐，再由党委学生工作部组织开展项目立项答辩，并邀请专家进行综合评选，最终确定立项结果。为确保项目的有效实施，党委学生工作部还会于每年 6 月组织开展中期答辩，跟进项目实施情况，对于无研究进展或者研究偏离主题立意的项目予以终止。每年 12 月，党委学生工作部会组织专家对项目进行结项验收。

项目通过验收后，学校将给予经费支持，所有通过结项验收的项目均可获得结项证书，验收结果为优秀的项目还将纳入项目精选汇编，全程参与项目并通过结题验收的学生，可申请认定 2 个创新创业实践学分。

## 二、项目实施情况

自 2019 年起，SCTP 已连续 5 年面向西南交通大学全日制本科生和研究生开放申报，累计立项 109 个，其中 102 个（见表 4-1）已成功通过结项验收，共有 556 名学生和 120 名教师参与其中。这些项目均围绕中华优秀传统文化研究和校园艺术作品创作展开，取得了丰硕的文化研究和艺术创作成果，并逐渐形成示范效应，为校内热爱文化艺术的师生搭建一个优质的平台，有力推动学校文化艺术事业的繁荣发展。

表 4-1　第 1 期至第 5 期 SCTP 通过验收的项目列表

| 序号 | 项目名称 | 项目类别 | 类别名称 | 期数 |
| --- | --- | --- | --- | --- |
| 1 | 锦绣峨冠汉服体验日 | A 类 | 中华优秀传统文化传承与创新项目 | 第 1 期 |
| 2 | "走进剪纸的魅力"传统剪纸体验活动 | | | |
| 3 | 交艺蓉城——四川传统文化艺术体验季 | | | |
| 4 | 传统绣花技艺创新实践工作坊活动 | | | |
| 5 | 青衿染翰墨，年华付韵章 书画作品巡展 | | | |
| 6 | 儒家文化之听、读、写、说、辩 | | | |
| 7 | 走进非遗文化——竹麻号子 | | | |
| 8 | 古风音乐晚会 | | | |
| 9 | 溯源彭州·文铸白瓷 | | | |
| 10 | 当代蜀道申遗与旅游文化价值探索——以金牛道为例 | | | |
| 11 | 成都新津观音寺明代壁画保护及传承 | | | |
| 12 | 古诗词中的四川 文化调研整理活动 | | | |
| 13 | 错视觉艺术作品系列 | B 类 | 原创校园文化艺术项目 | |
| 14 | 《报国寺喝茶》原创编舞 | | | |
| 15 | 现代音乐乐团校园原创歌曲 | | | |
| 16 | 青丝存高志，白首筑梦桥 | | | |
| 17 | 关于新时代青年理想与信念的歌曲创作 | | | |
| 18 | 品校园文化，书交大精神 | | | |
| 19 | 文韵书画，创润交大 系列原稿 | | | |

续表

| 序号 | 项目名称 | 项目类别 | 类别名称 | 期数 |
|---|---|---|---|---|
| 20 | 家风传承——探寻中华优秀传统文化 | A类 | 中华优秀传统文化传承与创新项目 | |
| 21 | 传统节庆文化在高校校园生活中的传承与创新——以端午节在西南交通大学的呈现为例 | | | |
| 22 | 新时代中华传统民间技艺版画与面人的继承与发展 | | | |
| 23 | 琴韵拾遗——古琴文化的调查研究及校园传播 | | | |
| 24 | 原创校园民谣《遇见犀安路》的创作与传播 | B类 | 原创校园文化艺术项目 | 第2期 |
| 25 | "峨眉山月，情满四海"主题原创音乐作品集 | | | |
| 26 | "红土"文化育人实施路径探索——"红小土"系列文创产品 | | | |
| 27 | "书怀悠悠校史，笔落浩浩荣光"原创爱校书画作品创作 | | | |
| 28 | "青衿创想，拨墨将迎"系列文化创意产品 | | | |
| 29 | 《平凡中的不平凡》微电影制作 | | | |
| 30 | "律动交大，音传韶华"——校园文化流行歌曲的探究与创作 | | | |
| 31 | 复现·交大——历史人文4K数字修复 | | | |
| 32 | 一方日历观四季——二十四节气的弘扬与创新 | | | |
| 33 | 全面建成小康社会广播剧 | | | |
| 34 | 浅析在文化与地质影响下的色达传统藏族建筑 | A类 | 中华优秀传统文化传承与创新项目 | 第3期 |
| 35 | 传统诗歌及其时代价值在校园中的传播路径探索 | | | |
| 36 | 创新油纸伞工艺，传承雨巷情怀 | | | |
| 37 | 交大草木——交大生态的《诗》化呈现 | | | |
| 38 | 融媒体环境下蜀锦工艺的非遗传播 | | | |
| 39 | 品味地域文脉——羌族特色建筑的传承与保护 | | | |
| 40 | 《和平鸽》舞剧折射出的时代价值 | | | |
| 41 | 川西地区面食文化调研 | | | |
| 42 | 中国风筝传统艺术采风研究 | | | |

续表

| 序号 | 项目名称 | 项目类别 | 类别名称 | 期数 |
|---|---|---|---|---|
| 43 | 如果文物会"说话"——基于大学生传承与保护程度本地文物的歌曲创作 | B类 | 原创校园文化艺术项目 | 第3期 |
| 44 | 融创川蜀文明 绘染国粹清韵 | | | |
| 45 | 百年华诞守初心 青春执笔新时代 | | | |
| 46 | 建党一百周年广播剧 | | | |
| 47 | "红土"文化育人实施路径 探索——"红小土"讲故事短视频制作 | | | |
| 48 | 《犀安路999号的时光》——交大机车文化桌面摆件文创产品设计 | | | |
| 49 | "古韵悠扬,弦弄波涛"——中国古典乐与电子爵士乐的研究与创作 | | | |
| 50 | 探古镇,寻回音 | | | |
| 51 | 追梦赤子心——献礼建党百年微电影 | | | |
| 52 | 墨洒唐院展宏图,烛照学子志九霄——交大125周年系列原创书画作品 | | | |
| 53 | 戏曲艺术在中国民族歌剧中的运用和演唱实践 | A类 | 中华优秀传统文化传承与创新项目 | 第4期 |
| 54 | 江经川蜀佳酿成,非遗千年酒韵长 | | | |
| 55 | 探藏式民居,解锁传统建筑文化及其环境事业发展屏障 | | | |
| 56 | 三千悬丝纵横古今,川北大木偶的文化传承与发展 | | | |
| 57 | "陶瓷+书画",传统也时尚——非遗四川陶瓷制作 工艺及传承与发展研究 | | | |
| 58 | 品舌尖上的"回"味——回族"九碗三行子"传统美食调研 | | | |
| 59 | 中国相声曲艺在当代大学生中的生命力研究 | | | |

续表

| 序号 | 项目名称 | 项目类别 | 类别名称 | 期数 |
|---|---|---|---|---|
| 60 | 探析京剧在数字媒体时代通过多种媒介进行的多元化传播与发展 | A类 | 中华优秀传统文化传承与创新项目 | 第4期 |
| 61 | "桃花伴竹，年年有画"<br>——绵竹年画的传承与创新研究 | | | |
| 62 | 何处纸鸢争风起，梦回王泗舞蝶行<br>——四川王泗风筝的传承与创新研究 | | | |
| 63 | 红色精神百年续，传统文化世代传<br>——老兵精神的传承与弘扬 | | | |
| 64 | 中医药文化在工科学生中的传播效果和普及路径探究 | | | |
| 65 | 彝族传统服饰纹样在文创产品创新设计中的应用研究 | | | |
| 66 | 新媒体环境下四川方言的传播发展 | | | |
| 67 | 传唱抗战红歌在高校的美育育人价值研究 | | | |
| 68 | 拾光影，捻笔墨——交大底蕴诗画集创作 | B类 | 原创校园文化艺术项目 | 第4期 |
| 69 | 凝聚青年力量，献礼建团百年——原创微电影 | | | |
| 70 | 《我们的体育时代》——2022年体育主题广播剧 | | | |
| 71 | 青春扬华，梦燃交大——原创音乐作品 | | | |
| 72 | "以格物致理之情，传青春韶华之梦"校园音乐创作 | | | |
| 73 | "满载山月，逆光而来"主题系列文创产品设计与制作 | | | |
| 74 | 乐之魂——在时代起舞 | | | |
| 75 | "刻写交大光景绵长"系列文创产品设计 | | | |
| 76 | 西南交通大学镜湖特色陶瓷壁画研发 | | | |
| 77 | 墨承华夏智，笔刻时令痕<br>——原创节气文化产品设计 | | | |
| 78 | "交香"辉映——当香囊遇上交大 | | | |
| 79 | 古时流年催四季，今朝节气换新颜<br>——二十四节气系列原创书画作品 | | | |

续表

| 序号 | 项目名称 | 项目类别 | 类别名称 | 期数 |
|---|---|---|---|---|
| 80 | 少数民族传统建筑丹巴县甲居藏寨碉楼的新发展模式 | A 类 | 中华优秀传统文化传承与创新项目 | 第5期 |
| 81 | 寓教于乐——糖画运用于对外汉语教学的课堂设计研究 | | | |
| 82 | 境——中国古诗词意韵美在筝乐表演中的创新性探究 | | | |
| 83 | 指尖挑丝线，丝线绘山川——四川蜀绣文化传承创新 | | | |
| 84 | 传统中医药文化的调研及其传播新形式的浅探 | | | |
| 85 | 莫道旧时茶馆盛，且将新火试新茶——成都茶馆文化传承与创新研究 | | | |
| 86 | 传承发扬民族文化·铸牢中华民族共同体意识——探秘朝鲜族传统服饰文化 | A 类 | 中华优秀传统文化传承与创新项目 | |
| 87 | 成渝地区客家文化发展脉络及其现状研究 | | | |
| 88 | 川西名园的美学特征和传统文化底蕴研究——以成都市古代园林为例 | | | |
| 89 | 四川盆地传统建筑风水学背后的地理科学知识与文化内核 | | | |
| 90 | 端午艾民俗在高校文化建设中的实用性探究 | | | |
| 91 | 国家级非遗"道明竹编"跨界创新传承模式与发展路径研究 | | | |
| 92 | 匠心非遗——与蜀韵文化同频共振 | | | |

续表

| 序号 | 项目名称 | 项目类别 | 类别名称 | 期数 |
|---|---|---|---|---|
| 93 | "剪影塑时光"<br>——交大校园景观形象立体剪纸艺术创作 | B类 | 原创校园文化艺术项目 | 第5期 |
| 94 | 人间四时·舞动青春 | | | |
| 95 | 文化润心　非遗育人 | | | |
| 96 | 四川民族乐器竹琴与流行音乐融合创新实践<br>——以《三国》为例 | | | |
| 97 | 昂首相遇，逐梦山海——致交大新生的一份礼盒 | | | |
| 98 | "红土"文化育人实施路径创新<br>——"红小土讲故事"短视频制作 | | | |
| 99 | 感温变色陶瓷壁画设计与研发 | | | |
| 100 | 书墨传蓉情，锦笺溯时光 | | | |
| 101 | 碧血丹心挥翰墨，青峰绿水染蜀情 | | | |
| 102 | 《少年子弟江湖老》<br>——2023年川剧传承主题广播剧 | | | |

　　大学生文化艺术审美与创新训练计划（SCTP）凝聚了交大学子的人文情怀，是交大师生艺术表达与文化探究的重要平台。通过实地调研走访，让同学们走出校园，深入非遗等中华优秀传统文化属地，亲身探寻并追溯文化根源，有效拓宽了同学们的视野。在自主策划和创作过程中，培养学生们认识美、感受美、创造美的能力。展望未来，SCTP将继续致力于中华优秀传统文化的广泛推广和弘扬，培育更多校园原创艺术精品，以艺术为羽翼，以思政为引领，实现思政教育与艺术美感相融合，为立德树人教育目标贡献力量。

## 三、项目创新点

　　SCTP是侧重于师生参与传统文化研究和校园艺术创作的实践项目，其创新之处主要体现在以下两个方面：

一是为学校实施艺术思政教育搭建研究型平台。艺术思政教育是美育与德育融合应用的产物，将思政教育内容和精神融于校园艺术实践，用艺术的方式传递思政内容，这需要有一定深度的研究性、创作型艺术项目来支撑和推动学校艺术思政教育发展。而 SCTP 则通过项目制的管理方式，系统地培育了一系列高质量的文化研究和原创艺术作品，有效地支撑和推动学校艺术思政教育的深入发展。近五年来，SCTP 已成功孵化 53 项传统文化传承与创新项目和 49 项原创校园文化艺术项目，成为学校文化传承和艺术创作的重要培育基地。

二是为学校推动中华优秀传统文化的传承与发展开拓了新途径。随着经济的发展，外来文化的冲击使得许多中国本土的传统文化变得越来越鲜为人知，作为社会主义接班人和建设者的当代大学生，必须勇担起推动中华优秀传统文化传承发展的历史使命。SCTP 的中华优秀传统文化传承与创新项目不仅为学生提供了亲身体验和感受传统文化魅力的机会，还激励他们结合自己的专业知识，提出创新性的推广建议，并运用新媒体手段为传统文化的传承和弘扬贡献青春力量。这种实践性的项目模式，既培养学生的文化素养和创新能力，也为传统文化的现代传承注入新的活力。

## 第二节　蜀韵陶瓷非遗工作室

### 一、项目介绍

陶瓷文化在中华传统艺术中占有举足轻重的地位，尤其是川蜀陶瓷，凭借其独特的艺术风格和精湛技艺，在中华陶瓷历史中留下了鲜明的烙印。四川地区的陶瓷文化历史悠久，其起源可追溯至新石器时代晚期，自那时起，川蜀地区便开始对陶瓷烧制的探索，并为中国陶瓷艺术的发展作出重大贡献。为更好弘扬、传承并创新川蜀陶瓷文化与技艺，西南交通大学于 2022 年设立蜀韵陶瓷非物质文化遗产传承工作室，下设于大学生艺术团，隶属于党委学生工作部。

工作室的成员由热爱四川地区陶瓷文化等非物质文化遗产的在校学生组成，其宗旨在于大力推广四川地区陶瓷文化及其他非物质文化遗产，通过整合学校内的艺术专业教育资源，在保护和传习的基础上，推动中华传统文化的普及教育活动，工作室不仅拓宽了学校的美育实践平台，为广大师生提供深入了解、认识和研究非物质文化遗产的广阔舞台，培养以学生群体为主的非遗传承人才队伍，以传递人文情怀，坚定文化自信，并为非物质文化遗产的创造性转化和创新性发展贡献一份力量。

## 二、项目实施情况

自 2022 年成立以来，蜀韵陶瓷非物质文化遗产传承工作室秉持对四川地区陶瓷文化的热爱与尊重，通过一系列实践和合作，已经在陶瓷艺术的传承与创新方面取得显著的成果。

在非遗传承方面，工作室与省内六家具有代表性的陶瓷传承人建立了紧密的合作关系。青年学子们在大师们的悉心指导下，亲身接触和体验陶瓷艺术的魅力，深入了解其独特的技艺和历史文化背景。他们走进陶瓷工坊，从选料、揉泥、拉坯、修坯到烧制，全程参与制陶过程，感受着传统工艺的精髓和魅力。

在创新方面，工作室不断挖掘四川优秀传统文化的亮点元素，并将其融入现代陶瓷设计中。例如，工作室研发的变脸盖碗茶杯，将四川特色的变脸艺术与茶文化巧妙结合，创造出极具地域特色的陶瓷作品。这款作品荣获了 2022 金熊猫天府创意设计奖之"幸福天府·成都礼物"特别奖，充分展现工作室在陶瓷创新方面的实力和成果。

此外，工作室还积极参与社会文化活动。为成都第 31 届世界大学生夏季运动会设计了两款陶瓷文创产品——"大运壶（运宝宝）"和"大运杯（元宝宝）"，将运动元素与陶瓷艺术相结合，融入最新的热感应图形变换技术。这两款产品不仅具有实用性，还极富观赏性和收藏价值，向世界展示中国的创新精神和四川的独特魅力。

在学术交流方面，工作室不仅立足于校园，还积极参与省内外的重要文化艺术比赛和交流活动。工作室连续两届参加四川省大学生艺术展演活动，在四川省第九届大学生艺术展演中，"四川非遗创新设计工作坊"荣获"艺术实践工作坊"类别一等奖；在四川省第十届大学生艺术展演中，工作室报送的《感温变色陶瓷壁画》再次荣获一等奖。这些荣誉充分证明工作室在学术交流和艺术创作方面的实力与影响力。

总的来说，蜀韵陶瓷非遗传承工作室在短短几年内取得丰硕的成果。它不仅为四川地区陶瓷文化的传承与创新作出了积极贡献，还为广大学生提供了一个宝贵的四川非遗陶瓷文化学习与实践的平台。今后，工作室将继续努力探索新的合作模式和创作理念，为推动中华优秀传统文化的传承与发展贡献更多的力量。

图 4-2　2022 年，大学生艺术团蜀韵陶瓷非物质文化遗产传承工作室成立

图 4-3　大学生艺术团蜀韵陶瓷非遗传承工作室的成员前往雅安对国家级
　　　　非物质文化遗产——荥经黑砂进行调研学习

图 4-4 "传承中华文化，促进校地合作"社会艺术实践活动

图 4-5 最成都·城市符号系列文创产品之川剧变脸盖碗

第四章 重视原创作品创作，展示艺术思政教育成效 57

## 三、项目创新点

### （一）打造多元化的艺术展示与交流平台

蜀韵陶瓷非遗传承工作室在校内教学楼公共活动区域设立实体展区，展出四川非遗陶瓷和工作室的优秀陶瓷作品，同时，通过举办工作坊开放日活动，为全校师生提供陶瓷文化讲解等普惠型文化服务。此外，工作室还利用数字技术开展非遗陶瓷艺术品云端展览，让更多人能够随时随地欣赏和了解非遗陶瓷文化。通过与彭州白瓷、桂花土窑等具有川蜀特色的非遗陶瓷传承人建立合作关系，组织校内设计专业学生以现代设计理念融合传统陶瓷技艺，推动中华优秀传统文化的传承与创新。

### （二）探索作品创作和社会资源联动的合作模式

工作室积极整合学校与地方文化资源，与多家非遗陶瓷传承人建立紧密的合作关系，通过这种模式，工作室成功地将现代设计理念与传统陶瓷技艺相融合，创作出具有独特魅力的陶瓷作品。这种合作模式不仅为非遗陶瓷的传承和创新注入了新的活力，也有助于地方文化产业的繁荣发展。

## 第三节 艺术表演类作品创作

### 一、项目介绍

近年来，西南交通大学依托四川省大学生艺术展演活动和大学生文化艺术审美与创新训练计划（SCTP），积极动员全体师生员工参与创作一批精品表演艺术作品。作品类型涵盖声乐、器乐、舞蹈、戏剧、朗诵等多个艺术门类，内容丰富，形式新颖。在创作过程中，学校始终坚持以立德树人为根本任务，以社会主义核心价值观为引领，通过明德引领社会风尚，利用美育滋养心灵。同时，致力于弘扬中华优秀传统文化、革命文化以及社会主义先进文化，通过文化艺术作品的创作与传播，引导学生树立远大理想、坚定理想信念、砥砺报国之志，进而坚定文化自信，增强文化自觉。

将育人导向贯穿于艺术创作之中，鼓励师生以校史校情、交通建设为题材，扎根交大土地，厚植爱党爱国荣校情怀，结合教育教学实际，努力创作具有交大学科特色、彰显新时代大学生精神风貌的优秀艺术表演作品。为确保作品在思政性、艺术性和观赏性方面达到高标准，特邀请校内外相关专家对每个作品进行悉心指导，不断打磨，精益求精，最终形成了一系列既体现交大特色又蕴含思政教育意义的艺术表演作品。

图 4-6　部分原创艺术表演类作品精彩剧照（一）

图 4-7　部分原创艺术表演类作品精彩剧照（二）

第九届参展部分原创艺术表演类作品

第十届参展部分原创艺术表演类作品

第四章　重视原创作品创作，展示艺术思政教育成效

## 二、项目实施情况

自 2017 年起,学校已成功创作了 35 件精品艺术表演类作品(见表 4-2)。其中,合唱作品《圆梦川藏》《雪域彩虹》《高铁开到尔玛人家》表达了藏族、羌族同胞对高铁开通使"天堑变通途"的赞叹喜悦;舞蹈作品《轨迹》《书写新时代的复兴号》、声乐作品《家书》《中国力量》《筑梦未来》和器乐作品《山海云程》则以艺术的形式谱写校史诗篇,深情描绘了一代代交大人前赴后继、为建设"交通强国"不懈奋斗的感人画卷;器乐作品《赴草堂》《簇锦之川》、舞蹈作品《浣花芳吟》、校园歌曲《金乌》和戏剧作品《我是传承人》分别以欢快灵动的节奏、优美动人的舞姿、娓娓道来的吟唱和幽默风趣的演绎生动绘就了川蜀文化的独特魅力;而校园歌曲《一抹交大蓝》《遇见犀安路》《峨眉山月歌》则以当代大学生的语言和旋律唱出莘莘学子对母校的深深眷恋……在四川省第八届至第十届大学生艺术展演中,学校的 22 项原创艺术表演类作品荣获省级一等奖,并受到"美育四川"等四川省教育厅官方美育账号等主流媒体宣传报道。这些荣誉不仅是对西南交通大学鼓励文化艺术原创举措的莫大肯定,更是对学校艺术思政教育体系成果的生动展示。

表 4-2 近年部分校园原创艺术表演类作品一览表

| 序号 | 作品名称 | 作品类别 | 创作时间 | 作品来源 |
| --- | --- | --- | --- | --- |
| 1 | 《轨迹》 | 舞蹈 | 2023 年 | 四川省大学生艺术展演 |
| 2 | 《圆梦川藏》 | 声乐 | 2023 年 | 四川省大学生艺术展演 |
| 3 | 《雪域彩虹》 | 声乐 | 2023 年 | 四川省大学生艺术展演 |
| 4 | 《家书》 | 声乐 | 2023 年 | 四川省大学生艺术展演 |
| 5 | 《筑梦青春》 | 声乐 | 2023 年 | 四川省大学生艺术展演 |
| 6 | 《山海云程》 | 器乐 | 2023 年 | 四川省大学生艺术展演 |
| 7 | 《敦煌新语》 | 器乐 | 2023 年 | 四川省大学生艺术展演 |
| 8 | 《赴草堂》 | 器乐 | 2023 年 | 四川省大学生艺术展演 |
| 9 | 《我是传承人》 | 话剧 | 2023 年 | 四川省大学生艺术展演 |
| 10 | 《青春之党,青春之国》 | 朗诵 | 2023 年 | 四川省大学生艺术展演 |
| 11 | 《筑梦未来》 | 声乐 | 2020 年 | 四川省大学生艺术展演 |
| 12 | 《昼夜行》 | 声乐 | 2020 年 | 四川省大学生艺术展演 |
| 13 | 《书写新时代的复兴号》 | 舞蹈 | 2020 年 | 四川省大学生艺术展演 |

续表

| 序号 | 作品名称 | 作品类别 | 创作时间 | 作品来源 |
|---|---|---|---|---|
| 14 | 《重生》 | 器乐 | 2020年 | 四川省大学生艺术展演 |
| 15 | 《祀礼·太阳神鸟之舞》 | 器乐 | 2020年 | 四川省大学生艺术展演 |
| 16 | 《新青年》 | 声乐 | 2020年 | 四川省大学生艺术展演 |
| 17 | 《簇锦之川》 | 器乐 | 2020年 | 四川省大学生艺术展演 |
| 18 | 《高铁开到尔玛人家》 | 声乐 | 2020年 | 四川省大学生艺术展演 |
| 19 | 《大山的心愿》 | 话剧 | 2020年 | 四川省大学生艺术展演 |
| 20 | 《从新冠疫情读懂"四个自信"》 | 朗诵 | 2020年 | 四川省大学生艺术展演 |
| 21 | 《中国力量》 | 声乐 | 2017年 | 四川省大学生艺术展演 |
| 22 | 《实验室的故事》 | 话剧 | 2017年 | 四川省大学生艺术展演 |
| 23 | 《蝉虫歌》 | 声乐 | 2017年 | 四川省大学生艺术展演 |
| 24 | 《礼赞交大》 | 朗诵 | 2017年 | 四川省大学生艺术展演 |
| 25 | 《浣花芳吟》 | 舞蹈 | 2017年 | 四川省大学生艺术展演 |
| 26 | 《今夜我在德令哈》 | 校园歌曲 | 2019年 | SCTP |
| 27 | 《梦犀》 | 校园歌曲 | 2022年 | SCTP |
| 28 | 《乐之魂》 | 校园歌曲 | 2022年 | SCTP |
| 29 | 《金乌》 | 校园歌曲 | 2021年 | SCTP |
| 30 | 《一抹交大蓝》 | 校园歌曲 | 2020年 | SCTP |
| 31 | 《遇见犀安路》 | 校园歌曲 | 2020年 | SCTP |
| 32 | 《峨眉山月歌》 | 校园歌曲 | 2020年 | SCTP |
| 33 | 《情忆峨眉》 | 校园歌曲 | 2020年 | SCTP |
| 34 | 《外婆》 | 校园歌曲 | 2020年 | SCTP |
| 35 | 《Come With Me》 | 校园歌曲 | 2020年 | SCTP |

这一系列优秀的校园原创艺术表演类作品表达了对学校不怕困难、孜孜不倦为国奉献科技力量的崇高敬意。作品以艺术表演的形式传播正能量、弘扬时代精神，有效促进艺术实践与思政教育的融合，切实提升育人实效。通过作品的展示，教育引导当代大学生深刻把握"两个大局"，心怀"国之大者"，以艺术表演作品的感染力鼓励当代大学生爱党爱国、荣校奉献，歌颂交通建设者的奋斗故事，树立交通人的光辉形象，让青春在为祖国、为人民的伟大事业中

焕发更加绚丽的光彩，为学校的文化建设发展做出积极贡献。

## 三、项目创新点

欣赏美是艺术实践的初级阶段，而创造美则是实践的高级阶段，也是学生感受最深、收获最大的艺术实践形式。通过组织大学生艺术团和动员全校师生申报SCTP项目等多种途径，致力于创作一批展现当代大学生与时代同向、与祖国同行的优秀校园原创艺术表演作品。以提高促普及、普及促提高为原则，旨在打造一批具有学校特色的精品文化艺术作品，并通过面向广大师生的展演传播，将艺术实践成果深刻融入学校"大思政"育人工作体系，突出思政教育资源转化与应用的综合效果。

### （一）作品呈现与学生成长相互成就，助力学生综合素质提升

艺术表演作品的创作过程不只是单纯的创作与排演，更重要的是，在这一过程中，学生的审美能力得到提升，作为中国人和交大人的自我认同感不断增强，同时，学生的意志力、创造力和协作能力等综合素养也得到有效锻炼。

例如，原创舞蹈《书写新时代的复兴号》和《轨迹》以我国一批批交通建设者和科学家在高铁建设中的奋力拼搏和突出贡献为表达重点，这类艺术作品在题材和内容上都紧贴学生专业特点，能够引发交大学子的共鸣和共情。作品所传递的精神内涵与众多理工科学子的交通强国梦想高度契合。在学生亲身参与训练和排练的过程中，思政教育内涵深深地融入了他们的精神骨血。此外，学校还以这部分学生为核心，通过示范和引领，以点带面地扩大校园以美育人的功效。面向全校师生和社会大众，通过艺术表演的形式展示艺术表演作品，树立交通建设者的伟大形象，传承交大精神，弘扬爱党爱国荣校的情怀，从而激发交大人在探索科学真理路上的热情。这一举措，进一步拓展了舞蹈艺术与思政育人相结合的可能性，增强了育人实效。

### （二）原创艺术作品推动校园文化建设发展，营造更活跃的校园艺术氛围

通过融入思政教育元素的艺术创作，引导学生参与主题性节目排演，使得全校的文化艺术氛围更加浓厚，进一步推动了校园文化建设的发展。高水准、高质量的演出为广大师生提供了美好的艺术享受，丰富了师生的精神生活。在

创作和演出过程中，不仅提升了学生的文化修养，还增强了思想政治教育的亲和力与传播力，为高校思想政治教育工作的多元化开展提供了助力，极大地丰富了校园文化艺术生活。

（三）打造具有交通特色的精品表演艺术作品，增强师生的归属感和认同感

通过创作富含思政教育意义的艺术表演作品，用歌声促进学生身心健康发展，用旋律引领交大学子奋发向前，用舞姿描绘中国高铁波澜壮阔的历史画卷，用心用情勾勒科技强国、交通强国的壮丽蓝图。作品向师生讲述学校精神、校史文化、学科特色等与之息息相关的内容，展现了历代交大人与学校、国家和时代同呼吸共命运的奋斗历程。观众在欣赏中感受到作为交大人、作为中国人的自豪感和认同感，深刻体会到交大人为实现交通强国不懈奋斗的精神面貌。这些作品成为交大文艺的靓丽名片，向社会各界展示了学校的独特魅力。

# 第五章 组织策划文艺演出，搭建艺术思政生动讲台

## 第一节 "佳声有约"露天演唱会

### 一、项目介绍

2023年是全面贯彻党的二十大精神的开局之年，如何让校园文化活动重新焕发生机，将积极向上的态度有效传递给学生，帮助他们释放心理压力？带着这些思考，学校精心打造了"佳声有约"露天演唱会这一全新校园文艺品牌，以期在校内营造轻松愉快的文艺氛围，通过潜移默化的方式向学生传递正面的思想意识，强化爱党、爱国、荣校的教育，这不仅满足了学生对大学美好生活的向往，还鼓励他们放下手机、走出宿舍、融入集体，共同度过一个个浪漫而充实的夜晚。

"佳声有约"露天演唱会每场精心挑选约20首积极向上、耳熟能详的经典流行歌曲。演唱会地点选择在校园内环境优美且具有标志性的位置，比如九里校区的大学生会堂正门广场，犀浦校区的犀湖草坪和体育场等。演出舞台经过精心设计和布置，利用绿植、花朵、灯光等元素，打造出一个清新自然、温馨梦幻的校园舞台景观。为更贴近师生，演唱歌手均来自学校内爱好唱歌的本研学生、教师职工以及校友。演出现场不设主持人，以歌手与观众的简单互动来串联整场演唱会。每场演唱会最后都精心挑选一首具有思政教育意义的且传唱度高的主题歌曲，组织现场所有歌手与全体观众共同合唱，将演唱会氛围推向高潮。通过这种方式，不仅将思政精神传递给观众，还增加了校园艺术思政的吸引力。因此，"佳声有约"露天演唱会成为深受师生校友喜爱的校园文艺品牌。

该项目让思政教育走进镁光灯下，通过舞台演绎展现新时代大学生踔厉奋发的精神面貌，引领校园思想潮流。同时，结合校史校情，唱出校园青春故事，传递美好价值。

## 后疫情时代如何激活校园文化 西南交大频出实招

中国青年报客户端 | 2023-05-08 19:12
作者：王鑫昕

王雯婷 赵敏聪 中青报·中青网记者 王鑫昕

流光溢彩的荧幕上播放着影片，草地上正上演耳熟能详的歌曲，欢笑、欢呼、掌声不绝于耳……新学期开学以来的每个周末，这样的场景都在西南交通大学校园里上演。

这是西南交通大学精心策划的露天"有约"系列活动，于每周末在九里校区和犀浦校区轮流开展。西南交大党委学生工作部在校园内布置出一片开放、舒适、包容的文化空间，鼓励学生放下手机、走出宿舍、融入集体，度过一个个浪漫而充实的夜晚。

在后疫情时代，如何让校园文化活动焕发生机？西南交大党委学生工作部多措并举，以一系列高品质文艺活动激活校园文化、提升学生文化素养。

今年4月至6月，西南交通大学第十届大学生文化艺术节将持续开展。本届大艺节将举办25项艺术展演活动，包含戏剧、舞蹈、音乐、朗诵、绘画、书法、摄影、设计、微电影等各类观创作和体验活动，让同学们都有机会参与这场校园艺术盛事，提高审美能力、加强文化认知、提升艺术素养。

图 5-1　"佳声有约"露天演唱会活动的宣传报道图片

图 5-2　演唱会部分现场照片

## 二、项目实施情况

目前,"佳声有约"露天演唱会已成功举办7场,其中包括2场盛大的军训专场万人演唱会。从首场演唱会的千人共鸣,到后续几场的万人欢呼,现场参与人数累计达到45 000余人次。这一活动深受校内外师生校友的喜欢,学校也因此多次在各类社交媒体上被称为"别人家的大学",同时,该活动还受到教育部中国大学生在线、四川教育发布等主流媒体转载宣传。

在演唱会现场,观众们挥舞着荧光棒,随着歌声、乐声的节奏,共同徜徉在音乐的海洋里,享受音乐带来的愉悦。现场的同学们纷纷表示:"这就是我要的青春主场,这就是我心中大学美好的样子!"

图5-3 线上部分评论截图(一)

音乐是沟通人与人心灵的一座桥梁。而"佳声有约"露天演唱会则在交大校园搭建起了一座音乐之桥,通过师生喜闻乐见的流行歌曲的演唱,打造了一个贴近学生、充满活力的舞台,营造了轻松愉快又青春向上的校园音乐氛围,让师生们在紧张的工作和学习之余,能够感受到校园生活的美好与温馨。

从百人参与到千人观演,从千人欢呼到万人共鸣,"佳声有约"露天演唱会所营造的热烈氛围在交大校园内前所未有。少年们的笑容在歌声中自然绽放,青春的呐喊在现场回荡不息,文化艺术的魅力伴随着师生们的欢笑更加"声"入人心。音乐点亮了每一个"佳声有约"的浪漫夜晚,为同学们的青春岁月留下了难忘的回忆。

☀ 广东 2023年4月23日　回复　👍48
交大是我的青春，是我们终不逝去的青春！交大加油❤❤❤

卷普森 四川 2023年4月23日　回复　👍48
青春没有售价 趁现在 high起来！

想做少数派
(朋友) 四川 2023年4月23日　回复　👍41
很荣幸可以在此次活动中扮演一个记录者～尽管剪片到凌晨一点，是热爱与理想支撑我在摄影的道路上一直走下去。

Miraitowa 四川 2023年4月23日　回复　👍36
这次万人演唱会的确是疫情过后犀浦校区规模最大的一次演唱会，和军训相结合，同时歌曲也是选的选正能量，弘扬了交大学子的青春气息！展现了青春活力！

和眠 四川 2023年4月23日　回复　👍31
路上看见迷彩服和小绿包，我总说羡慕他们能够参加军训，这话里一半是得意，另一半是我的遗憾。蹭到了昨晚的音乐会，也算是弥补本19级大冤种两段缺失的大学经历吧！

璇JL 贵州 2023年4月23日　回复　👍26
什么?! 刚毕业学校就这么嗨😵

sunshine 四川 2023年4月23日　回复　👍12
最后合唱《我的未来不是梦》的时候，我一直在用力挥舞着自己连队的连旗，我以为是代表着对未来的憧憬，可到最后精疲力尽的时候才发现，原来...这也是对自己大学三年时光的告别。时光不再，还好未来可期！

终南望余雪 四川 2023年4月23日　回复　👍12
机械学子为吴双姐打call！🎉🎉🎉

低绮户 四川 2023年4月23日　回复　👍12
交大专属露天音乐会，氛围特别棒，在现场的话激动的不行，祝愿交大越来越好呀！！！！！！！！

大盆ai 四川 2023年4月23日　回复　👍12
人生中最后一次军训，完美落幕，演唱会嘎嘎强😎

信仰 四川 2023年4月23日　回复　👍11
真好，洋溢着青春，以后回忆起来都是美好幸福快乐的❤

顺顺利利 四川 2023年4月23日　回复　👍11
青春没有售价，佳声有约我他🌹

vv_say 四川 2023年4月23日　回复　👍11
交大好棒！！！

Chase 四川 2023年4月23日　回复　👍25
很喜欢这次的演唱会，不仅有《好男儿就要当兵》这样热血沸腾的表明拳拳爱国之心的经典歌曲，也有《这一生关于你的风景》这样的小抒情歌曲🎵。在耀眼的霓虹灯光下，仿佛完全融入了这些歌曲，每一次音律的跳动都拨动着心弦！
4条回复 ∨

joy 四川 2023年4月23日　回复　👍19
真的是，我毕业了你就搞这是吧😭🤣

绿山墙的安妮 四川 2023年4月23日　回复　👍18
┌🌸(^३^)
│太热闹了
│太青春啦
└

cindy 浙江 2023年4月23日　回复　👍13
我爱我交！永远青春！下次记得直播哦

书大豪 四川 2023年4月23日　回复　👍13
逝去的青春回来了😭

别管我 四川 2023年4月23日　回复　👍13
这就是交大！这就是青春！

niedaiquan 四川 2023年4月24日　回复　👍5
西南交大闪光的名牌，为中华民族强大，培养了一批国家栋梁之材，点赞了👍👍👍🌹🌹🌹

Ange déchu 四川 2023年4月24日　回复　👍5
这要是大一的某个晚上多好 可惜我已经大三了😭😭😭

逾你并肩 四川 2023年4月23日　回复　👍5
三年错过了太多，还好没错过军训演唱会，我们就是其中一个小小的荧光棒啊😭😭😭

马章荣 江西 2023年4月24日　回复　👍4
作为交大学子的家长，看到这样的学习与生活的氛围，更加放心让孩子在这里成长！

平儿大哥哥 陕西 2023年4月24日　回复　👍4
毕业七年的学长留下了羡慕的泪水😭

墨語乂恋夏言 广东 2023年4月24日　回复　👍4
05届机械学院学长表示，好想再回交大读4年❤

浅浅一笑 四川 2023年4月23日　回复　👍3
我去年才毕业啊，怎么感觉已经过去了好多年，就已经开始怀念了，一年，就已经让人魂牵梦绕的八教下几十人的合唱已经让人魂牵梦绕，难以想象万人合唱会是怎样的刻骨铭心～

图 5-4　线上部分评论截图（二）

第五章　组织策划文艺演出，搭建艺术思政生动讲台　　67

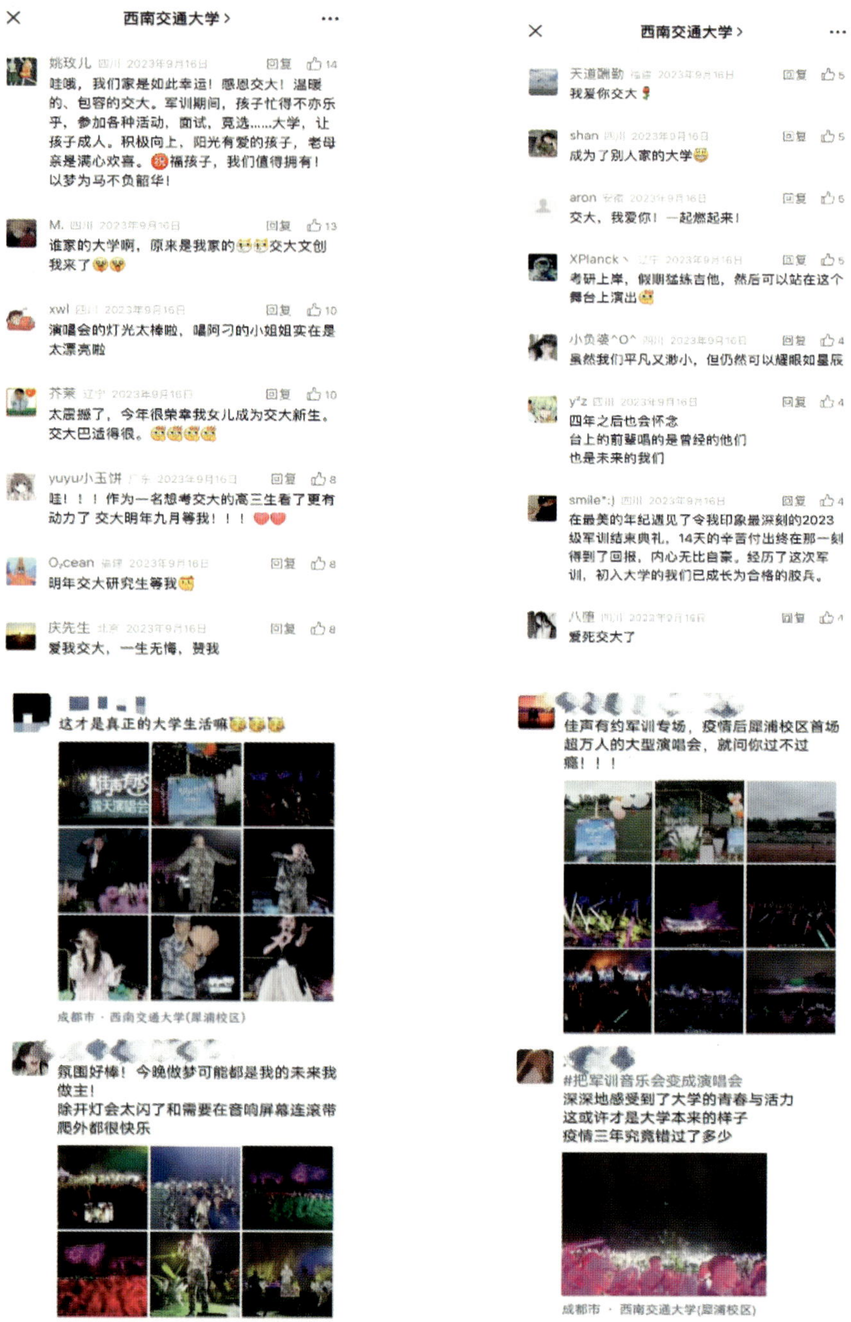

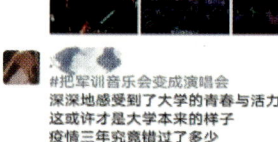

图 5-5　线上部分评论截图（三）

多次万人大合唱的震撼场面以及师生们线上线下多渠道表达的喜爱之情，让学校思政工作者深刻感受到了文化工作的价值和意义，让他们能够有动力持续组织策划更多学生喜欢、充满温度的艺术思政精品项目，为繁荣校园文化氛围贡献力量。

## 三、项目创新点

"佳声有约"露天演唱会活动，是学校精心组织策划的全新校园文化艺术品牌，不仅丰富了校园文化生活，更是艺术思政创新的一次大胆尝试。通过挖掘校内外的优秀代表，如学生、专业老师、校友、辅导员、后勤员工和退休老师等，招募校园歌手，在九里和犀浦两校区领唱经典流行歌曲，精心打造出一片开放、舒适、包容的文化空间，将思政教育内容与流行文化高度融合，让学生在温馨的环境和愉快的氛围中释放压力、化润心灵，在潜移默化中接受思想感召。项目创新点具体表现为：

### （一）充分发挥学校校园景观的育人效力

演唱会致力于打造一个具有浓厚交大气息、贴近师生生活的大众舞台。因此，舞台地点的选择非常重要。经过在犀浦校区体育馆东入口、竢实扬华墙、钟亭、机车博物园，以及九里校区詹天佑体育馆正门广场、镜湖旁的树林、大学生会堂广场等地的实地考察，并对每个地点的观众容量、用电负荷和美观程度等要素进行综合考量，最终确定每场演唱会的选址。例如，首场"佳声有约"露天演唱会的举办地——犀浦校区的犀湖草坪，一旁波光粼粼的湖面，欢畅惬意的天鹅、野鸭、白鹭以及春风、晚霞、草丛等自然元素，构成了一幅浪漫唯美、如诗如画的画卷。草坪上陈列的红色的大型美陈"I Love SWJTU（我爱西南交通大学）"，更是如春雨无声地浸润了现场观众的心灵，传递了爱校荣校的深厚感情。

### （二）打造开放、舒适、包容的文化空间

在演唱会的设计上，注重营造轻松自然的舞台氛围，充分拉近观众与表演者之间的距离，演唱会摈弃传统舞台，在草地上增加仿真绿植和花朵装饰，搭设露营天幕和灯串，仿佛这不是一个刻意的表演舞台，而是与同学好友在傍晚闲暇时相聚放松的露营场景。结合愉快悦耳的歌声，成功打造了一片开放、舒适、包容的文化空间，让学生在温馨的环境和愉快的氛围中释放压力、滋润心灵。

图5-6 首场"佳声有约"露天演唱会舞美布置

### (三)广泛挖掘师生校友员工文艺表演爱好者

为体现面向人人的广泛参与性,弱化演唱会中表演者和观众的界限,"佳声有约"坚持从广大师生校友员工中遴选表演者。只要热爱唱歌并敢于表现自己,就有机会登上露天演唱会的舞台。通过在学校网站发布招募,吸引了百余名歌唱爱好者纷纷发来自己的演唱视频,投稿人员的表演水准远超预期,从而建立了露天演唱会"歌手库"。这一举措不仅增强了师生参与校园艺术实践的积极性,也进一步活跃了校园文化氛围。

#共赏大美校园# 有节奏的掌声伴随着挥舞的荧光棒，交大万名师生齐抒对祖国的热爱，合唱《我和我的祖国》。祖国星河长明，学子不懈追梦，歌声嘹亮，唱响青年的山海和波涛。逐梦有光，点亮青年的奋斗和梦想。❤

@西南交通大学: #交大万人合唱# 【高燃现场！西南交大露天演出唱会上，万名师生合唱《我和我的祖国》】😭

"我的祖国和我，像海和浪花一朵，浪是海的赤子，海是那浪的依托……"在交大第四期"佳声有约 露天演唱会"上，有节奏的掌声伴随着挥舞的荧光棒，交大万名师生齐抒对祖国的热爱。祖国星河长明，学子不懈…… 全文

#交大万人合唱# 《我和我的祖国》，文心一言AI作图送祝福😭😭😭@西南交通大学 百度的微博视频

8489次观看

1万次观看

图 5-7　演唱会现场师生歌手动情歌唱

第五章　组织策划文艺演出，搭建艺术思政生动讲台　　71

### （四）增强学校艺术思政的吸引力

在歌曲的选择上，演唱会严格遴选积极向上、符合校园氛围的优质流行歌曲，并根据歌手的音色气质量身选取表演曲目。同时，对曲目歌词、创作背景等进行深入考证和严格把关。此外，还精心挑选表演服装、妆容以及增加伴舞与情景表演等演绎形式，以增强演唱会的吸引力和观赏性。现场分发"竢实扬华""我爱交大"等字样的灯牌等氛围物料，使学生在潜移默化中接受爱校荣校的教育。值得一提的是，每场露天演唱会，都会以一首励志奋斗、耳熟能详的歌曲作为压轴曲目来强化思政主题。无论是《夜空中最亮的星》传递的勇往直前的勇气，《那些年》呼吁的珍惜时光、创造美好回忆的情怀，还是万人合唱《我和我的祖国》《我的未来不是梦》所表达的拳拳爱国之情和坚定奔赴美好未来的信念，都生动地体现了思政教育的深刻内涵和强大感染力。

## 第二节 典礼节目表演

### 一、项目介绍

在高等教育领域中，开学典礼和毕业典礼不仅是标志性的集体活动，更是深化教育手段的重要环节。西南交通大学始终坚持以习近平新时代中国特色社会主义思想为行动指南，全面贯彻党的教育方针，将立德树人作为教育的根本任务。学校高度重视典礼在思想政治教育中的独特作用，以社会主义核心价值观为引领，深入挖掘典礼中的教育元素，弘扬中华美育精神，坚定文化自信。在学校重大典礼中，精心设计并融入艺术内涵，使学生全身心参与其中，从而潜移默化地提升学生的审美素养，并增强师生对学校的归属感和自豪感。

西南交通大学以开学典礼、毕业典礼、荣休仪式、国庆升旗仪式等重大庆典为契机，将其作为开展思政教育的重要载体，并在典礼中巧妙地融入艺术表演节目。通过精心策划和编排富有特色的表演环节，凸显重要节日的价值内涵，强化典礼的育人功能。这样，庄严肃穆的庆典礼台化身为思政教育的讲台，引导学生感谢祖国、感恩母校、感念师恩，坚定理想信念，并勇于承担时代责任。据统计，每年各大典礼的现场参与人数约达 20 000 人次，而线上直播的观看人数更是高达 20 余万人次。艺术表演与典礼教育的完美结合，使得丰富多彩的艺术节目成为生动的教材，进一步发挥思政教育春风化雨、润物无声的重要作用。

## 二、项目实施情况

### （一）2022级学生开学典礼《星辰大海》

典礼在充满青春活力与催人奋进的流行歌曲中拉开序幕。《我的未来式》激起了新生们对奋斗与理想的热切追求；《夜空中最亮的星》以其温暖而磅礴的旋律，点燃了新生们内心的熊熊斗志；《如愿》用空灵的歌喉向我们诉说着前辈对后人的期望，后人对前辈的敬仰；"我的样子，就是明天的模样"，未来《有我》！《有我》展现了交大学子们的自信与自豪。在这些动听、动感、动人的歌声中，新生怀着喜悦的心情对开学典礼和学校形成了初步的感性认识——这是一个充满活力、紧跟时代潮流并贴近学生心声的学府。

作为开学典礼的重要议程之一，由学校大学生艺术团师生精心编排的歌伴舞——建党百年版《星辰大海》，唱出了交大人的奋斗精神，更指明了未来的前进方向。该节目中的舞蹈部分为大学生艺术团师生的原创作品，参演包括在校本科生、研究生、专业教师、辅导员以及职能部门教职工。在表演过程中，演员们双手各持一颗金色的五角星，随着振奋人心的歌声，这些星星冉冉升起并随之舞动，演员们不断变化队形，最终汇聚成一片璀璨的星辰大海。伴随着深情的歌声和优美的舞姿，他们向新生们表达了美好的祝愿和殷切的期望。"眼有星辰大海，心有繁花似锦。"愿广大学子眼界开阔远大，胸有丘壑万千，心中永葆年轻热血，繁花绽放，绚烂似锦。

图5-8　在校师生在2022级学生开学典礼上为新生表演《星辰大海》

旋律交织，眸色交错，大学生艺术团师生们通过孜孜不倦的练习成就了这场卓越非凡的演出。一首《星辰大海》让刻苦排练多日的同学们沉浸式于思政教育的洗礼之中，也让现场近万名新生感受到了交大人立志以学报国、践行交

第五章　组织策划文艺演出，搭建艺术思政生动讲台　　73

通强国、奔赴星辰大海的坚定情怀。在初秋的清晨，在广阔的操场上，在新生们即将扬帆起航的起点，他们以辛勤为笔，将努力作为画布的底色，用汗水勾勒出一幅名为"青春活力"的盛景。

### （二）2022届学生毕业典礼《不说再见》

毕业典礼，作为大学生踏入社会前的重要仪式，是大学文化的重要表现形式与延伸。在2022届学生毕业典礼暨学位授予仪式上，学校精心选择由四川省教育厅、四川省文化和旅游厅、四川省广播电视局、四川广播电视台、四川音乐学院联合打造的毕业季校园原创歌曲《不说再见》。大学生艺术团的演员们以精湛的舞蹈与合唱技巧，深情地演绎了这首歌曲，生动描绘毕业学子的心路历程，成为毕业典礼的一大亮点。

图5-9　2022届毕业生代表在典礼上深情演绎《不说再见》（一）

在毕业生代表接受学位授予后，舞台上响起大学生艺术团表演的《不说再见》，悠扬的口琴旋律勾画出一幕幕感人至深的画面，触动着在场每一位师生的心弦，唤起大家对美好时光的无尽回忆与深深不舍。

该节目巧妙地将舞蹈、独唱与合唱三者融为一体，在声乐的基础上加入舞蹈元素，这种多元化的表现形式让节目内容更饱满，更具有吸引力，同时，灵动优美的动作也增强了歌曲的情感表达和旋律的感染力。整场演出营造出一种浓厚的毕业氛围，弥漫着离别的忧伤和对未来的期待。《不说再见》这首歌曲深深打动在场的每一位毕业生，唤起他们对母校的无限眷恋。

舞台上，大学生艺术团的毕业生演员们饱含着热烈情感，用真挚的歌声与优美的舞姿展现毕业学子的精神风采。他们身体力行地传递着对学校的依依不舍之情，感染着现场的每一位观众。

图 5-10　2022 届毕业生代表在典礼上深情演绎《不说再见》（二）

这首直抒胸臆的深情歌曲放缓了离别的沉重脚步，将现场与场外师生的心紧紧连结，通过线上直播的方式，共有 16 万余人共同见证了这一感人时刻，并给予了高度评价。

一首《不说再见》，抒发出西南交通大学毕业学子对母校的不舍、信念与热忱，也传递着学校对毕业生们自觉担当起新时代青年人的责任与使命，不负党和人民的殷切期望，这是一场感人至深的感恩教育活动，激励着毕业生们在新的人生征程中继续前行、不负韶华。

（三）第31届世界大学生夏季运动会火炬传递

第31届世界大学生夏季运动会，是继2001年北京大运会、2011年深圳大运会之后，中国大陆第三次举办的世界大学生夏季运动会。这次盛会是中国实现第一个百年奋斗目标"全面建成小康社会"后的第一个世界综合性运动会，也是中国西部首次举办世界性综合运动会。此次赛事不仅提升了成都的城市知名度和美誉度，吸引更多的投资和旅游，为打造可持续发展的赛事名城、刷新成都城市新形象、推动城市建设注入了新的活力，同时，它也是一场青年才俊施展才华、交流思想、增进友谊的盛会。

图 5-11　第 31 届世界大学生夏季运动会火炬传递现场

作为大运会火炬传递的其中一站，学校为迎接这满载着希望、梦想、未来的火种，特别呈现了大学生艺术团学生创意编排的歌舞节目《竢实扬华　青春飞扬》。在火炬传递现场，学生们为运动健儿们献上了一份充满交大特色的青春之礼。

节目中，除了展现交大学子欢迎世界各地大学生运动员的青春活力之外，还特别将交大学科特色，同时也是中国世界名片的中国高铁形象融入表演中，展示中国青年的自信面貌，寓意着希望运动健儿们在赛事中如中国高铁般更高、更快、更强。为了以最佳状态呈现交大青年的热情与活力，大学生艺术团的同学们主动留校排练，在酷暑中反复打磨表演细节。最终，在属于全世界青年的盛会中，他们献上了一份来自交大的祝福，通过媒体平台的宣传，他们向关注大运会赛事的千万观众传递了当代交大学子的道路自信、理论自信、制度自信、文化自信。

图 5-12　第 31 届世界大学生夏季运动会火炬传递活动

　　近年来，在学校各大典礼上，如开学典礼、毕业典礼、荣休仪式、运动会开幕式等，都能看到精心打造的艺术表演作品。这些作品从服装、化妆、道具等各方面完善表演细节，巧妙地将思政内容融入表演中。《星辰大海》《不说再见》《我们都是追梦人》《给您的歌谣》《我和我的祖国》等精彩纷呈的表演艺术节目，不仅受到师生校友的广泛欢迎和好评，还得到四川省教育厅美育官方公众号"美育四川"等媒体的宣传报道。这些有高度、有水准、有教育意义的艺术节目，以艺术思政的形式浸润着学生的心灵，提升他们的文化理解、审美感知等核心素养，充实他们的精神文化生活。这也使得学校文化更加昂扬向上、文明高雅、充满活力，为美育育人环境的构建奠定了坚实的基础。

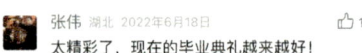

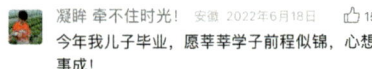
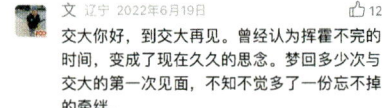

毕业典礼是大学生走向社会的一个重要节点，是大学文化的重要表现形式与延伸。西南交通大学在2022届学生毕业典礼暨学位授予仪式中传唱歌曲《不说再见》，大学生艺术团的演员们巧妙地融合了舞蹈与合唱，讲述着毕业学子的心路历程，成为毕业典礼一大亮点。

图 5-13 "美育四川"公众号相关报道截图

立德树人，任重道远。未来，学校将继续创新艺术思政的形式和内容，与时俱进地推动艺术思政的发展，使其成为立德树人最坚实的助力。通过艺术思政的浸润和熏陶，相信学子们将身心健康、活力四溢、人格健全地走向未来的人生道路。

## 三、项目创新点

高校典礼不仅仅是一套议程，它更是显性教育与隐性教育的有机结合，构成高校育人的重要途径。面对当代大学生日益增强的独立性、选择性、多变性和差异性，他们天然地拒绝和排斥单一的显性教育，更偏好贴近实际、充满时代气息和青春色彩的隐性教育形式。在高校典礼中融入文化艺术节目表演，既能丰富典礼形式和内容，增强典礼艺术氛围，又能让典礼更加贴近学生，以学生喜闻乐见的隐性教育方式突出学生的主体地位，极大地增强育人的实效性。具体创新点体现在以下三个方面：

（一）丰富典礼育人的形式和内容

通过组织师生在典礼中呈现具有校园青春气息和爱党、爱国、爱校精神的艺术表演作品，让显性教育与隐性教育相结合，实现了贴近现实与崇尚精神的和谐统一，这不仅丰富典礼育人的形式和内容，提升典礼的观赏性和时代感，更有利于思政教育的浸润传播。

（二）增强学生参与典礼的主动性

秉持"以美育人、以美化人、以美培元"的工作理念，典礼育人始终将学生作为受教育的主体置于核心地位。通过在典礼中融入艺术表演，采用更加贴近和深入学生的工作方式和方法，充分激发学生参与典礼系列活动的积极性和主动性。这种以人为本、潜移默化的隐形教育方式，实现学生从思想政治教育的接受者到参与者的角色转变，使高校典礼真正成为学生情感升华和成长成熟的重要体现。

（三）提升校园文化氛围和育人实效

校园文化是一种以学生为主体，以课外文化活动为主要内容，以校园为主要空间，涵盖校院领导与广大教职工，并以学校精神为主要特征的群体文化。它具有互动性、渗透性、传承性等特点，主要功能在于营造氛围、提升素质和崇尚精神等。通过在典礼中融入艺术表演，思政内容和学校精神得以深入人心，进一步加强典礼与学生的互动性。这不仅有效强化主流价值观念对学生的引领和教化作用，还让思想教育真正做到了入口、入眼、入耳、入脑、入心，从而显著提升了校园文化氛围和育人的整体实效。

## 第三节　大型文艺展演

### 一、项目介绍

校园大型文艺展演作为学校美育的重要组成部分，是加强校园文化建设的重要途径。西南交通大学结合重大纪念日和重要节日，将大型文艺演出作为主题教育活动的重要载体，通过文艺演出展现思政教育内容，努力构建独具特色的学校艺术思政教育体系。

本项目以声乐、器乐、舞蹈、戏剧等艺术门类为主要表演形式，同时辅以音视频等现代多媒体技术，旨在丰富展演的形式和内容，提升其艺术性和思政性。每场大型文艺展演时长为 2 小时左右，围绕明确的主题，编排具有思政教育意义的艺术表演节目，配合服化道设计、舞美、美陈布置以及主持文稿等，呈现出数台绚丽夺目、振奋人心的艺术思政教育展演活动。

图 5-14　大型文艺展演现场图片

每场文艺展演演职人员规模为 200 ~ 400 人，包括导演、演员、舞美人员、场务等各个角色，人员构成以在校师生和校友为主。

自 2019 年以来，学校已成功举办"我和我的祖国"西南交通大学庆祝中华人民共和国成立 70 周年师生文艺晚会、"永远跟党走"西南交通大学庆祝中国共产党成立 100 周年大型合唱套曲《黄河大合唱》演出、"承百年风华·融交通天下"西南交通大学建校 125 周年文艺晚会、"跨越山海·交通天下"2024 年新年联欢晚会等大型文艺展演活动。这些活动通过精心编排，将流光溢彩的文艺舞台化为鼓舞人心的思政讲台。

## 二、项目实施情况

### （一）"我和我的祖国"西南交通大学庆祝中华人民共和国成立 70 周年师生文艺晚会

2019 年 9 月 30 日晚，学校在犀浦校区体育馆隆重举办"我和我的祖国"西南交通大学庆祝中华人民共和国成立 70 周年师生文艺晚会。全校师生员工与校友近四千人在现场共同观看晚会。

晚会紧扣"我和我的祖国"这一主题，结合新中国成立 70 年来特别是改革开放以来的光辉历程、伟大成就和宝贵经验进行创作。将国家发展与学校发展、国家发展与个人成长融入文艺作品创作中，既继承了中华优秀传统文化，又融入了流行元素，赋予历史文化新的时代内涵。晚会节目层层递进地唤起师生的爱国情与报国志，在国庆来临之际，为观众们献上一场视听盛宴，也为祖国 70 华诞献上来自交大的诚挚祝福。

歌曲《高铁开到尔玛人家》、小品《大山的心愿》、舞蹈《高原心连心》等节目将教育扶贫、医疗扶贫、乡村振兴的动人故事和成果生动地展现在观众面前；舞蹈《书写新时代的复兴号》以交大参与复兴号高铁的研发为题材，以设计图纸为线索，讲述复兴号从灵感闪现到成功研发的艰辛过程；四川版《生僻字》的歌词融合了四川的名胜古迹、历史文化等多种元素，展现新时代四川的发展进步和独特的文化魅力；晚会最后，全场师生齐唱《我爱你中国》，并随着音乐挥舞起手中的国旗，用歌声表达对祖国的热爱和深深的依恋之情。

晚会完美呈现了交大人爱国爱校的情怀，紧扣习近平新时代中国特色社会主义思想，既符合国庆的喜庆氛围，又十分贴合当代年轻人的审美需求。

图 5-15　大型文艺展演精彩剧照（一）

## （二）永远跟党走——西南交通大学庆祝中国共产党成立 100 周年大型合唱套曲《黄河大合唱》演出

此次演出有二百余名师生同台表演、千余名观众现场观看，在中国共产党成立 100 周年之际，交大师生通过歌声和表演共同表达属于交大人的爱党心、爱国情，向百年峥嵘历史致敬，并从党的百年奋斗征程汲取前进的力量！

演出上篇呈现了《黄河大合唱》著名合唱套曲中《黄河船夫曲》《黄河颂》《黄水谣》等脍炙人口的歌曲旋律。观众们仿佛置身于黄河之畔，感受到了黄河船夫在险滩中激流勇进的英勇形象。歌声中表达出中华民族对黄河的深厚情感与热爱之情，吟咏中华儿女在国家危亡之时决不妥协、傲然挺立的精神风貌以及为保卫祖国大地、民族独立而英勇斗争的不屈精神！一首首经典的革命歌曲，让学生们深刻领悟到中国共产党的正确领导是中华民族独立解放的保障，是战胜外敌、赢得胜利的关键力量！

演出下篇则通过当代舞《无名的功勋》、合唱《我的祖国》《我们走在大路上》、组曲《祝酒歌》《在希望的田野上》《年轻的朋友来相会》《春天的故事》以及合唱《交大新青年》等节目将一幅中国共产党百年奋斗历史的壮丽画卷徐徐展开在观众眼前。这些节目生动地讲述中国人民从站起来、富起来到强起来的伟大历程，唱出交大人始终走在时代前列的昂扬斗志、勇于担当时代使命的奋斗精神——我们始终紧跟党的领导、不负历史使命！

图 5-16　大型文艺展演精彩剧照（二）

## (三) 承百年风华·融交通天下——西南交通大学建校 125 周年文艺晚会

本场晚会是西南交通大学为庆祝建校 125 周年而精心策划的文艺盛宴，同时也是学校参加四川省第九届大学生艺术展演活动的精品节目汇演。晚会由"启·古韵蜀地""寻·向往之境""筑·九州之梦""谱·青春凯歌"四个篇章组成，通过精彩纷呈的艺术表演节目勾勒了一幅讲述交大人矢志奋斗、砥砺奋进的壮美画卷。

民族器乐合奏《祀礼·太阳神鸟之舞》、交响乐《松泽亚拉》与合唱《昼夜行》的和谐交融，引领现场观众深切感受天府之国别具一格的风俗与文化韵味；舞蹈《雨涧春行图》以衣袂飘飘的优雅舞姿，带领师生领略大自然的无限魅力；在合唱《高铁开到尔玛人家》的动人旋律中，观众仿佛目睹了川西深山的羌族人民欢欣鼓舞地迎接穿山越岭而来的高铁；诗朗诵《从新冠疫情读懂"四个自信"》则让观众深刻感受到交大人在抗击疫情中的坚定信念和无私奉献；舞蹈《书写新时代的复兴号》以动人的舞姿绘制了交大人刻苦钻研、不惧艰难、奋进拼搏的动人场景；合唱《筑梦未来》倾注了对西成高铁"快如电"的深切赞许与期待；舞蹈《青春芳华》则带领观众共同致敬那些令人怀念与向往的青春岁月；歌舞《我在交大等你》《这就是交大》以及街舞表演《我们一起闯》传递着五湖四海交大人对母校最真挚的祝福与情感；歌曲《新青年》则对交大学子寄予了美好的期望与憧憬……这些精彩的节目，正是一代又一代交大人为交通强国矢志不渝奋斗的缩影。

图 5-17 大型文艺展演精彩剧照（三）

## （四）"跨越山海·交通天下"2024年新年联欢晚会

本场晚会既是喜迎2024年新年来临，同时也是学校参与四川省第十届大学生艺术展演活动的精品节目汇报演出。晚会以"跨越山海·交通天下"为主题，通过"古风新韵""天地交通""爱我交大""山海青春"四个篇章的演绎，集中展现出交大对中华优秀传统文化的创新与发展，阐释了"天下交而万物通"的伟大理念与厚重底蕴，同时彰显了新时代交大人"有理想、敢担当、能吃苦、肯奋斗"的精神面貌。

舞蹈《鼓舞中华》以铿锵有力的鼓声和舞姿展示当今中国的盛世鸿姿，民乐合奏《敦煌新语》描绘敦煌特有的多元传奇色彩；歌曲《沧海一声笑》满溢出中华儿女的豪情壮志与自信；跨界融合合奏《赴草堂》创新性地弘扬中国传统音乐文化，碰撞出属于年轻人的"燃"劲；合唱《雪域彩虹》《家书》《圆梦川藏》以川藏线为主题，用艺术化的手法表现川藏铁路这条贯通天堑的交通大动脉的建设历程，讴歌筑路者的不畏艰险与汉藏民族的团结和睦；舞蹈《轨迹》描绘了一批又一批交大人奔赴祖国和人民最需要的地方，用汗水与心血筑就祖国交通事业的辉煌未来；校歌《文轨车书郅大同》整齐嘹亮的歌声唱出交大人对学校的热爱与自豪；校友参演的《交大我的家》《我是交大的学子我骄傲》唱出广大校友对母校的眷恋和依恋；舞蹈《送你一朵玫瑰花》展现交大师生对铸牢中华民族共同体意识的坚守与承诺；民乐《山海云程》用音符勾画出祖国河山的壮美与疆域的辽阔；歌曲《故乡云中国心》则体现交大学子"家国一体"的崇高情怀与对祖国的深情厚意；全场合唱《我爱你中国》将晚会推向高潮，嘹亮的歌声表达了作为新时代中国儿女的自豪与骄傲。值得一提的是，本场晚会首次在学校运用了开合屏技术，舞美效果的提升使得节目呈现更加精彩，晚会现场观众3000余人、线上观看人数达5.9万人，点赞数达39万，在师生校友间引起了热烈反响。这场晚会不仅是一场视听盛宴，更是一场高质量的思政课堂，悠扬的歌声和精彩的演出将交大人的热血与情谊凝聚得更加坚定与浓烈。

校园大型文艺展演作为学校文化建设不可或缺的重要内容，一直以来都承担着重要的角色。它不仅是师生在课余时间感受校园文化氛围、参与艺术实践的重要途径，更是学校开展学生思政教育的重要平台。自2019年起，学校已成功举办10余场大型文艺展演活动，线上线下范围内覆盖师生近16万人。这些精美的舞台、高质量的演出以及积极向上的内容，都受到师生的广泛欢迎和好评，同时也获得四川教育发布、中国大学生在线等媒体的转载报道。

图 5-18　大型文艺展演精彩剧照（四）

图 5-19 大型文艺展演精彩剧照（五）

图 5-20 大型文艺展演精彩剧照（六）

图 5-21　大型文艺展演精彩剧照（七）

每一场大型文艺展演不仅是一次视听盛宴的呈现，更是一次深刻的思政教育课堂。一台文艺晚会不仅体现出交大人为中华民族伟大复兴、为祖国富强砥砺奋进的奋斗史和开拓史，更是号召新时代的交大人始终铭记党的教导，跟随党的步伐，赓续血脉、继往开来，发扬"竢实扬华，自强不息"之精神，贯彻"交通天下"之气魄，为实现中华民族伟大复兴的中国梦贡献属于交大人应有的力量！

## 三、项目创新点

大型文艺展演是一项综合性舞台艺术实践项目，具有较高的难度，需要多部门紧密配合。它对人员组织、创意编排、沟通协调等工作的要求较高。学校大型文艺展演项目深深根植于"爱党爱国爱校"的思政主题，始终坚持将精彩的文艺节目与有教育意义的思政内容相结合。通过寓教于乐的方式，用艺术的形式浸润师生的心灵，在排演过程中锻造学生的思想意识，在展演过程中传递美好的精神力量。以学生喜闻乐见的艺术形式，将思想政治工作贯穿教育教学全过程，实现全员全过程、全方位育人。这极大地锻炼学生的艺术实践能力，且充分展示学校近年来的艺术思政教育成果。项目创新点具体表现在以下三个方面：

（一）显著提升学生的艺术实践能力

一台大型晚会的筹备时间通常需要历时两个月，所需演职人员众多，学生须全程参与，工作内容涵盖策划、宣传、排练、撰稿、场务等多个环节。晚会的高标准、高要求促使学生须不断完善晚会流程和打磨节目质量。在此过程中，学生的独立思考能力、沟通交流能力等综合素质得到了显著提升，有助于塑造学生精益求精的品质，提高学生审美能力，进而强化美育育人实效。

（二）集中展现学校的艺术思政教育成果

大型文艺展演是学校精神、校园文化、师生生活的具象化展示。本项目通过精良的校园艺术表演作品，展现了交大人不断踔厉奋发、建设交通强国的精神风貌，展示交大人传承中华优秀传统文化、革命文化和社会主义核心价值观的坚定决心。这不仅用艺术表演震撼师生的视听，用思政精神浸润广大师生的心灵，也集中展示学校"以美育人、以美化人、以美培元"的美育成效。

（三）增强了师生爱党、爱国、荣校的思想境界

在本项目各场展演中，通过作品创作、节目表演、文稿宣传、视频呈现等多种舞台表现方式，融入学校校史、校园生活、学科特色等元素，展示交大人为国家建设发展所作的积极贡献，弘扬了交大"竢实扬华，自强不息"的学校精神。此外，更融入红色革命文化、改革开放精神、党的精神谱系等时代精神元素，加强学生理想信念教育，提升广大师生对党和国家的认同感、归属感和自豪感。用贴近学生的文艺演出浸润学生心灵，进一步激发增强师生爱党、爱国、荣校的思想境界。

# 西南交通大学实施艺术思政教育体系的成效

第六章

## 第一节 对新时代大学生思想政治教育的积极作用

### 一、多维强化思政教育实效，提升青年学生获得感

艺术思政教育体系包含特色微课、第二课堂、艺术创作、文艺演出四大模块，以"四维一体"作为鲜明特色，该体系在课堂教学主要渠道和课外活动广阔天地中找准学生喜爱看、喜欢听的兴趣点，深入挖掘并找准学生看得懂、听得进的关注点。通过多点串联，协作发力，不断增强新时代思想政治教育的针对性。从实际工作开展情况来看，艺术思政教育体系收获颇丰。

（一）特色微课反响热烈，厚植爱党爱国情怀，促进思政理论入脑入心

在开展"音乐里的故事"特色思政微课过程中，因授课形式别具一格、教学内容引人入胜，吸引了不少学生积极主动报名参与。以下是部分参与学生的课后反馈：

2021 级本科生姚同学："讲演团利用生动的例子和实际的行动，将党的基本理论和精神传递给我们。他们的讲解质量高、简明扼要、深入浅出，很容易被我们理解和接受。在讲演过程中还有精彩的歌曲演唱，跟随歌曲的旋律，全情投入，这使我们潜移默化地了解党的精神，让这节课更加轻松愉快。同时，讲演团还为我们开展了一次互动游戏环节，帮助我们更好地加深对党和国家发展的认识。"

2022 级本科生虞同学："讲演团运用音乐激发在场各位的情感，调动起大家的情绪，舒缓现场的氛围，使大家都可以更好地投入到相关知识的学习中去。

由自身兴趣引发的学习效率是极高的。而三个环节环环相扣，自然引出下一个话题，连贯而不僵硬，简单而又明了，增强每个人的参与感，是一种非常受人家欢迎的活动形式。"

2021级本科生杭同学："这次'音乐里的故事'讲演活动用音乐呈现伟大的长征精神，用音乐鼓舞了我们广大的青年，将党的精神谱系巧妙地融入了这场动人的讲演中。用具体的榜样人物为'活教材'，带领我缅怀革命先烈，赓续精神血脉，用长征精神激励自己。让我们将红军这二万五千里长征路印刻在脑海中，珍惜今天这来之不易的幸福生活，努力学习，为建设社会主义现代化强国而努力奋斗。"

可以看出，"音乐里的故事"特色思政微课受到参与学生的热烈欢迎，在"思政+音乐"的教学模式下，讲演团队用艺术的语言解读思想理论，不仅打破了理论文本的平面性，也创新思政话语传递形式，用歌声旋律深化爱党爱国爱校情感，让党的先进创新理论深入学生心灵。

（二）第二课堂花团锦簇，贴近校园生活实际，化润思政教育平易近人

基于第二课堂平台开展的校园艺术实践活动在艺术思政教育体系扮演着"主力军"角色，是艺术思政最重要的工作载体。围绕大学生文化艺术节、"佳片有约"露天电影院、承唐讲坛、"梨园艺韵"精品戏曲文化月、审美与艺术修养提升训练营和"走进大艺团——艺术表演体验月"等系列项目活动，艺术思政教育体系打通校园内外资源渠道，为广大学生提供了集观摩、体验、学习为一体的宽广文化艺术实践平台，使其融入学生日常校园活动，让思政教育贴近生活、润物无声。以审美与艺术修养提升训练营为例，以下是部分参与学生的真实感悟：

2018级本科生刘同学："我认为这是一项非常有意义的活动。此次活动以'立德树人'为根本任务，以'以美育人，以美化人，以美培元'为导向，对我们营员综合素质的提升很有帮助。希望学校能将此类活动延续下去……"

2020级本科生董同学："此次训练营转瞬即逝，虽然略有遗憾，但我觉得收获颇丰，尤其是对艺术与生活关系的理解。乐团的演出让我深刻感受到中华文化别具一格的魅力，而演讲与口才训练以及舞蹈形体训练，则为我提供了切实可行的方法，帮助我在日常生活中改变观念。我很荣幸能成为'审美与艺术修养提升训练营'的一员，也非常感谢学校及老师们给我这个机会。我会带着所学的知识和感悟，继续追寻一切与美有关的事物，不断提升自己。"

第二课堂中的艺术实践活动形式丰富、生动活泼，能够较好地吸引学生的

关注，使其与文化艺术近距离接触，让教材中、课堂上的思想文化和精神文脉在学生眼前鲜活起来，经过数年工作实际检验，用学生感兴趣且易接受的活动形式来贴近学生内心被证明是行之有效的，思政教育的接受度和认可度在缤纷多彩的艺术渲染中得到极大增强。

### （三）艺术创作百花齐放，赋能校园原创文化，培育思政教育丰硕成果

除去具有普惠性的第二课堂艺术实践活动外，艺术思政教育还致力于激发校园文化艺术活力，支持兴趣深厚、热衷创造的大学生传承并弘扬中华优秀传统文化，植根时代精神，创作具有青春气息的校园文艺作品，让学生在调查研究和亲身创作中，全心感受中华文化的精深魅力，自发增进文化自信，自觉担当传承责任。

自推出"扬文欣艺"大学生文化艺术审美与创新训练计划项目（SCTP）、成立蜀韵陶瓷非遗工作室、鼓励艺术表演创作以来，师生团队把稳创作研究方向，立足校情特色，经过长期精心指导培育，诞生了一批内容深刻、质量上乘、具有交大风格的文化产品、艺术节目和研究成果。其中数项作品成果在国际赛事、全国展演中精彩亮相，备受好评，充分展现交大青年的自信风采、高雅品味与非凡智慧。

以"扬文欣艺"大学生文化艺术审美与创新训练计划项目（SCTP）为例，2019年至2024年来成果丰硕，有项目成功实现将"传统"的典雅神秘与"现代"的简约明朗结合，探索出一种兼备民族魅力与时代风采的艺术实践形式；有项目用彰显中国精神与中国力量的故事，将经典民族歌剧与现代英雄事迹相结合，展示出中华民族独有的文化特色；还有项目弘扬党的精神谱系的深刻内涵，在实践中提升青年群体的爱国热情。部分项目的文创产品和书画作品在学校办公楼、学生园区等公共区域进行展出陈列，成为环境育人的一部分，得到师生的一致认可。

### （四）文艺演出异彩纷呈，提炼时代艺术精华，升华思政教育铸魂智慧

各类文艺演出是艺术思政教育理念的集中展示与凝练积淀。无论是引领思想潮流的大舞台，还是传递价值美好的小舞台，其舞美效果和节目表演不断渲染艺术思政的教育氛围。光影、音乐、舞蹈所编织的感官网络极大增强思政教育的现实感，拓展并延伸情景交融的教育空间，让演出背后高度凝练的主题核心与教育思想直接有效地触及学生内心。以下是部分学生的反馈：

1. "佳声有约"露天演唱会微信推送学生评论（节选）

"我的未来不是梦"这句歌词直到现在还在我的脑海里环绕，我们的未来就在我们手中逐渐创造啊。像《有我》里唱的那样，我们就是中国未来的模样！时代的接力棒就交到了我们的手心里。加油加油，不负每一天的好时光。——邯谆

漆黑的天幕下，摇曳的荧光棒，夺目的追光灯，让一位位歌手都那样熠熠生辉。我觉得青春当如是，无论我们在干什么，走过了哪条路，都是绚烂而难忘的青春。——陈浩麟

2. 历年开学典礼与毕业典礼节目微信推送学生评论（节选）

今年作为公共管理专业毕业的研究生我感到无比自豪，因为疫情不能去现场参观，但透过直播感受到了交大的实力与温暖，希望母校越来越好！——紫枫叶话

交大，也有我！今日，怀揣父母和老师的期盼来到交大，但愿今后的自己不虚此行，不负众望，四年后的自己，满载交大嘱托和殷切希望的帆船，驶向更加灿烂的明天和未来！——太平庄子

3. 部分大型文艺展演学生观后感（节选）

生命科学与工程学院 2019 级本科生赵同学观看"我和我的祖国"西南交通大学庆祝中华人民共和国成立 70 周年师生文艺晚会后表示："最期待的节目是合唱，因为这种大合唱能够让大家一同抒发自己的爱国之情，在这个特殊的时间一起为祖国送上最真诚的祝福。"

外国语学院 2019 级本科生董同学在观后同样表示："我已经陪祖国一起走了 19 年，未来还要和祖国一起走下去，要尽自己所能使自己变得更好，为国家发展助力。"

种种学生的观后反馈切实表明，数场"佳声有约"露天演唱会为校园生活增添了浓烈无比的青春色彩，于线上线下多种渠道受到热烈好评；连续 3 年精心策划，开学典礼艺术表演振奋人心、激昂青春，增进新生爱校、荣校情感，而毕业典礼节目设置温情满满，让毕业生久久难以忘怀；数场大型文艺晚会盛大包容，结合重大纪念日和重要节日，让思政教育在多姿多彩的展演形式中深化培根铸魂功能，不断升华新时代思想育人智慧。

## 二、全力构建"大思政"工作格局，实现资源管理协同化

在艺术思政教育体系的理念共识和工作模式下，校内各教育主体在资源共享、管理贯通、队伍供给等多个方面达成了良好的协作互动关系，凝聚起强大精准的育人合力。这不仅融入了艺术思政教育内涵，更描画出"大思政"教育格局的宏伟蓝图。

管理制度是推动教育体系高效运行的根本保障。2022 年，《西南交通大学本科生艺术实践认定办法》正式出台。该办法尊重学生在思想理解和审美能力方面的个体差异与个性特点，制定了学生艺术实践科学评价标准，充分发挥思政体系管理的"指挥棒"作用。它统领、指引、确保校院两级艺术思政教育活动规范开展，鼓励每个学生积极参与其中，平等地拥有接受艺术思政教育和展现相关学习成果的机会。

经过两年多的试行，该办法有力推动了第二课堂艺术体验与审美修养课程的不断丰富扩充，形式多样，品质极佳，进而促进了学生综合素质的全面提升。以 2022—2023 年春季学期为例，全校共开设 189 项艺术实践项目，同比增长 40 项，增长率为 27%。实践类别涵盖艺术演出、文化讲座、文艺比赛、非遗体验、艺术创作等，呈现出百花齐放、欣欣向荣的姿态。项目容量为 53 857 人次，供应学时总量为 93 485 学时，人均供应学时 1.74 学时每学期，3.48 学时每学年；实际选课人次为 35 542 人次，实际选课学时为 62 507 学时，实际人均获得学时为 1.76 学时每学期，3.52 学时每学年，远超规定的每学年生均 1.2 学时的要求。

此外，校院之间、学院之间逐渐打破以往的分散局面，发挥主体性和积极性进行充分交流，在此基础上实现艺术思政资源融合共享，加强院际合作，推陈出新，面向全体学生举办项目活动，持续强化学生艺术实践质量，形成良性循环。在大学生文化艺术节的项目框架和资源扶持下，学校涌现了不少特色鲜明的学院艺术实践品牌，如"音为梦响"校园歌手大赛、"溯源启新"中华优秀文化体验活动、"创艺之光"平面＆立体设计艺术比赛，等等。

艺术思政教育全力构建"大思政"工作格局，还体现在学校教育与社会教育互动互生。学校是以培养人为根本目的的场域，而认知社会、走进社会、在社会广阔天地中绽放青春之花则是学生思想成长、理论联系实际的重要途径。在深耕第二课堂建设、搭建艺术实践平台的前期工作基础上，通过积极引进校外文艺资源活水，自信推出校内优秀原创精品，艺术思政教育促进校园与社会教育资源密切互动：与社会专业文艺团体建立联系，邀请其定期来校开展中华优秀传统文化特色展演；邀请非遗传承人走进校园、创立专门工

作室，引导大学生群体高质量传承中华非物质文化遗产，为实现中华文化创造性转化和创新性发展目标而刻苦钻研；鼓励学生团队带着原创作品走出校园，在国家级、省级、市级舞台上大放光彩；组织广大学生带着好奇心走进博物馆、美术馆、文化园等公共文化空间，让广大师生接受全面专业、别开生面的指导熏陶，让收藏在馆所里的文物、陈列在大地上的文化艺术遗产成为艺术思政的丰厚教育资源，让广大青年学生在观摩的过程中触摸中华文化脉络，汲取中华文化艺术的精髓。

今后，艺术思政教育将继续增强多方协作力度，推动完善思想政治教育协同机制，使其充满活力、开放包容，努力实现传统思政教育模式的根本性变革，以系统化、互通化、高效化的工作体系助力精准育人，从而为加快构建高校大思政体系奠定坚实基础。

## 第二节　对新时代大学生心理健康教育的促进效果

面对大学生群体心理问题的复杂变化趋势，高校加强并改进心理健康教育模式显得迫在眉睫，学校应充分利用各种资源与手段提升心理疏导和危机干预工作实效。2023年，教育部等十七部门联合印发《全面加强和改进新时代学生心理健康工作专项行动计划（2023—2025年）》，其中明确指出，要"培育学生热爱生活、珍视生命、自尊自信、理性平和、乐观向上的心理品质和不懈奋斗、荣辱不惊、百折不挠的意志品质，促进学生思想道德素质、科学文化素质和身心健康素质协调发展，培养担当民族复兴大任的时代新人"。

艺术思政教育融通思想政治教育与文化艺术活动，以"思政＋艺术"双轮驱动模式作为心理健康教育发力点，以德育心，以美润心，将促进学生心理健康作为教育体系工作目标之一，融入第一课堂、第二课堂、艺术创作、文艺演出等各环节，引导学生扣好人生第一粒扣子，同时发挥文化艺术丰富精神、温润心灵的重要作用，广泛开展普及性强、形式多样、内容丰富、积极向上的艺术实践活动，教会学生认识美、欣赏美、创造美。通过有组织、有目标、分类别、分层次开展有较强针对性的艺术思政教育活动，艺术思政教育能更精准、更高效地应对当前大学生所出现的繁多各异的心理问题，多措并举，拓宽了心理育人实现路径。

## 一、坚定理想信念

社会主义核心价值观是党的先进创新理论和中华优秀传统文化的高度凝练。艺术思政教育以社会主义核心价值为引领，将其作为心理教育活动中的主导思政元素，与心理健康教育相互促进，对学生的世界观、人生观、价值观加强引导，能够切实帮助学生树立远大理想，坚定奋斗信念，驱散精神迷失、信仰迷茫的心理迷雾，自觉以习近平新时代中国特色社会主义思想为行动指导，让学生在基于正确、积极的价值观念的基础上自觉形成支持个人健康发展的心理观念，进而在克服困难、积极面对生活时产生坚强意志，激励自身从困境中快速走出来，提高面对挫折的抗压能力。

艺术思政教育也特别注重中华优秀传统文化在心理育人方面的作用，鼓励学生转移聚焦于大众文化、娱乐文化、西方文化的关注目光，参与各种"新中式"文化活动，在潜移默化的体会感悟中将传统文化中蕴含的行为处事准则牢记于心、实践于行，达到精神世界和心理系统的自然和谐。

## 二、释放心灵压力

坚定的理想信念和美好的文化艺术能够引起学生心理上的积极变化。艺术思政教育挖掘校园生活亮点，鼓励广大学生结合兴趣爱好，以绘画、摄影、写作、音乐、舞蹈、陶艺等多种艺术方式进行自我表达创作。基于学校文化艺术实践平台提供安全的、专业的、艺术化的心理表达空间，向学生提供宣泄情绪和压力释放的渠道，调节负面情绪，用艺术形式深化心理解压体验，树立起对美好生活的信心与向往。

以审美与艺术修养提升训练营为例，参与学生均为家庭经济困难学生，所处年级多集中在忙碌的大二和大三年级。根据入营前调查，参与学生存在不同程度的心理焦虑甚至轻度抑郁的状况。在设置营内训练活动时，充分把握开学返校季、期末考试季、传统节日和重要节庆等关键时间节点，带领营员参与露天电影放映、露天校园演唱会、传统民族音乐会、读书分享会、中华传统戏剧表演等艺术思政活动，在活动全程持续引导学生深度参与，跟踪把握其心理动态，在丰富课余生活与精神世界的同时满足其心理疏导需要。

在结营调查中，多数学生表示，在参与训练营系列艺术纾压活动后，身心状态得到了正向调适。针对艺术思政教育活动对自身心理状态调整效果的提问，全体参与学生均认为"发挥了积极作用"。部分学生真实感受如下：

电气工程学院 2022 级本科生蒋同学："平时课业压力大，很多事情也没处理好，参加训练营的活动能暂时抽离出这种状态，身心获得放松，恢复精力更有能量去做事。"

经济管理学院 2022 级本科生张同学："看演出很让人静心，很享受，是面临压力和焦虑时很好的放松方式！"

土木工程学院 2020 级本科生赵同学："艺术总是能涤荡观众的心灵，陶冶我们的情操。正如人们从诗人的字句里选取自己心爱的意义，负面情绪是很容易被艺术类作品化解的。"

公共管理学院 2022 级吴同学："每一次活动我都觉得是一次超脱的体验，短暂地远离世俗进入精神世界，同时也可以作为（生活）记录不断地回味与感悟。"

力学与航空航天学院 2021 级何同学："这学期面临学业压力，会时不时焦躁。去看看艺术，看看活动，会发现不一样的美丽，用另一个角度看待即将到来的事。"

## 三、提供情感支持

在艺术思政教育理念下，部分小型项目创造了一片温馨、友爱、包容、真诚的艺术交流小天地，在团队教师有意识的教育引导下，搭配活动志愿者发挥"粘合剂"作用，参与学生在相识接触和交流互动中逐渐卸下心防、敞开心扉，彼此之间建立起深深的情感链接，间接组建起强大坚实的心理互助团体，互相给予情感支持和精神力量，增强朋辈同伴支持，融洽师生同学关系，营造暖心润心的教育氛围。

以艺术表演体验月活动为例，下面是部分参与学生的感悟反馈：

2021 级本科生陈同学："时间流转，转眼间，参加体验月的时光已经逝去了。在这短短的一个月内，我学到了很多很多，也从参加体验月那个一说话就紧张的'胆小鬼'变得越来越从容了。在此，我带着感恩的心，向悉心教导我的老师和学姐学长们道一声真诚的'谢谢'。我很庆幸，很庆幸能和那么亲切热情的同学们一起学习，一起体验话剧所带来的快乐和幸福感。我认为参加这次艺术团体验月是正确的选择，这一次的体验也让本就对话剧有着强烈好奇的我更深刻地热爱话剧。"

2021 级本科生黄同学："这次交响乐团体验让我再次感受到了音乐的魅力。这魅力体现在朋友间的配合里，音乐让朋友们相聚，当我看到交响乐团的合奏表演时，我心里感慨万分。与其说是音乐的力量，倒不如说是朋友间的相互作用力。同样热爱音乐的人聚在一起，不断磨合，练习，总会充满默契。因为音乐所收获到的友谊是无可替代的。音乐的魅力体现在一次次练习里。当一首完整、充满感情的曲目被演奏出来时,背后的一次次练习是不可以忽略的。演奏的成功是对演奏者的无尽的鼓舞。我很庆幸参加了这次体验活动,这次体验让我难忘,更让我确认了音乐是一生挚友。"

此外,审美与艺术修养提升训练营营员对艺术思政教育所构建的心理氛围也有良好反馈:

2022级本科生刘同学:"训练营让人感觉很暖心,虽然平时没有过多交集,但是通过活动相聚时,会发现每个人都很好,让人自觉想要融入,会很开心,也会期望能够再次一起参加活动,训练营能够让我有效释放身心,找寻到另一处温暖之地,探寻不一样的乐趣。"

2022级本科生贾同学:"来到训练营之后,我参加了一些活动,看到每次活动中营员们相互打闹,相互理解,很感动,也让我重新认识自己,也开始觉得自己在一些方面是有闪光点的,是一个'伟大'的人,也可以有精彩的生活。"

总而言之,艺术思政教育所构建的朋辈心理互助方式能够为学生特别是具有心理问题的学生提供有效的情感支持,是心理育人工作提质增效的创新性力量。这一崭新而科学的工作模式,将在学校心理育人工作中发挥越来越重要的作用。

# 结　语

从课堂到课外、从教学到实践、从线上到线下、从创作到展演,经过数年坚持不懈的实践探索与提炼总结,西南交通大学艺术思政教育体系已粲然可观,在强化思想政治教育、激活校园文化繁荣、润育美好心灵方面发挥了重要作用,受到全校师生、校友们以及主流媒体的广泛好评和认可。实践表明,艺术思政教育体系育人成效显著,其可借鉴、可复制、可推广的教育理念与工作做法不仅为提升理工科高校思想政治教育实效、破解美育工作困局贡献出积极力量,也为全面加强和改进大学生心理健康教育创造了更多可能,是推动理工类高校思政教育向着高质量发展目标前进所作出的创新之举,有助于开启高校思想政治工作新气象、新局面。

未来,西南交通大学将继续以立德树人为根本任务,进一步完善并改进艺术思政教育模式,以思想政治引领为骨,以文化艺术感人为翼,将艺术思政教育体系融入学生成长成才的每一环节,坚持全员全过程全方位育人,用艺术之美点亮心灵之光,努力开创高校思政工作新局面,为构建具有交大风格、致力德才兼备、持续面向未来的创新型人才培养体系做出有益贡献。

## 附录 部分育人成果

# 附录1　大学生文化艺术审美与创新训练计划（SCTP）项目精选

**项目名称**

"书怀悠悠校史，笔落浩浩荣光"——系列原创书画作品

**项目类别**

原创校园文化艺术项目

**项目理念**

本项目秉持"丹青为情，笔墨同心"的创作理念，以笔抒情，以笔写意。用书画创作的形式，回顾交大建校百余年的辉煌历史，展现交大学子的爱校情怀和文化传承的责任担当。

**项目特色**

本项目运用书画创作展现传统文化和校史文化，将中华优秀传统文化与交大校园文化相结合，以新媒体+线下展览的方式同步宣传，旨在激发师生爱校、荣校热情，展现"竢实扬华、自强不息"的交大精神。

**指导老师**

申　瑢

**项目主持**

姚俊臣　人文学院　　　　　　　　　　　　2018级

**项目成员**

王　宁　公共管理与政法学院　　　　　　　2018级

蔡鑫美　交通运输与物流学院　　　　　　　2018级

王祈月　经济管理学院　　　　　　　　　　2018 级
晋志怡　公共管理与政法学院　　　　　　　2018 级
王赫然　交通运输与物流学院　　　　　　　2019 级
杨卓群　地球科学与环境工程学院　　　　　2019 级
赵　婷　经济管理学院　　　　　　　　　　2019 级
夏俊杰　公共管理与政法学院　　　　　　　2019 级
王佳雯　公共管理与政法学院　　　　　　　2019 级

**项目成果（节选）**

用艺术之美点亮心灵之光 ——艺术思政教育体系探索与实践

**项目名称**

"百年华诞守初心,青春执笔新时代"——系列原创书画作品

**项目类别**

原创校园文化艺术项目

**项目理念**

本项目以"百年华诞守初心,青春执笔新时代"为主题献礼建党 100 周年,用书画创作展现党的光辉历史和伟大精神,展现青春献礼新时代的精神风采。

**项目特色**

本项目用硬笔书法、软笔书法与国画等艺术形式,描绘中国共产党建党百年的光辉历程,让交大师生在赏析书画传统文化的同时共忆峥嵘岁月,展望美好未来。项目成果展览时,每幅作品上有二维码,能够让师生更好地了解作者的创作意图和作品背景。

**指导老师**

刘文华

**项目主持**

| | | |
|---|---|---|
| 杨卓群 | 地球科学与环境工程学院 | 2019 级 |

**项目成员**

| | | |
|---|---|---|
| 王赫然 | 交通运输与物流学院 | 2019 级 |
| 边馨雨 | 建筑与设计学院 | 2019 级 |
| 田家琦 | 人文学院 | 2020 级 |
| 陈　亚 | 信息科学与技术学院 | 2020 级 |
| 陈洪云 | 建筑与设计学院 | 2020 级 |
| 董　毅 | 土木工程学院 | 2020 级 |
| 顾晏戎 | 物理科学与技术学院 | 2020 级 |
| 吴子轩 | 利兹学院 | 2020 级 |
| 敖燕涛 | 物理科学与技术学院 | 2020 级 |
| 林欣蕊 | 计算机与人工智能学院 | 2019 级 |

## 项目成果（节选）

长风破浪

星星之火可以燎原

毛澤東詞沁園春長沙
獨立寒秋湘江北去橘子洲頭
看萬山紅遍層林盡染漫江
碧透百舸爭流鷹擊長空魚
翔淺底萬類霜天競自由悵
寥廓問蒼茫大地誰主沉浮
攜來百侶曾遊憶往昔崢嶸
歲月稠恰同學少年風華正
茂書生意氣揮斥方遒指點
江山激揚文字糞土當年萬
戶侯曾記否到中流擊水浪
遏飛舟
辛丑夏馨雨書於成都

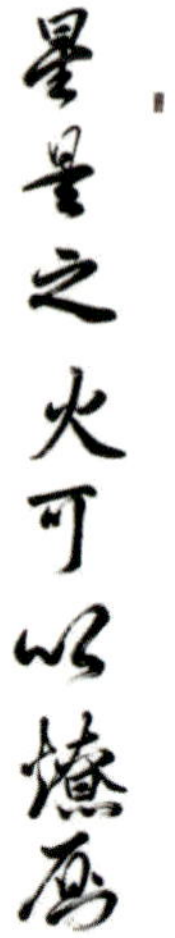

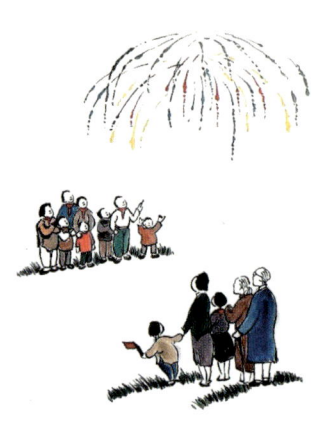

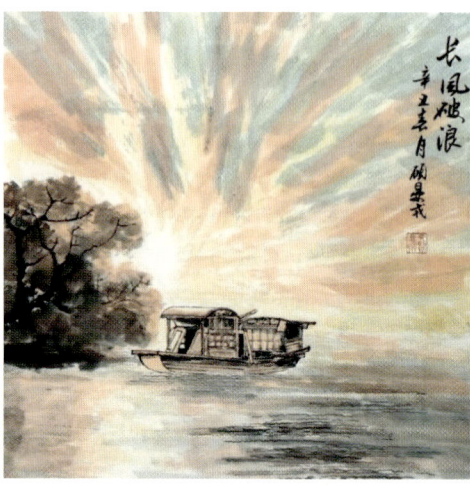

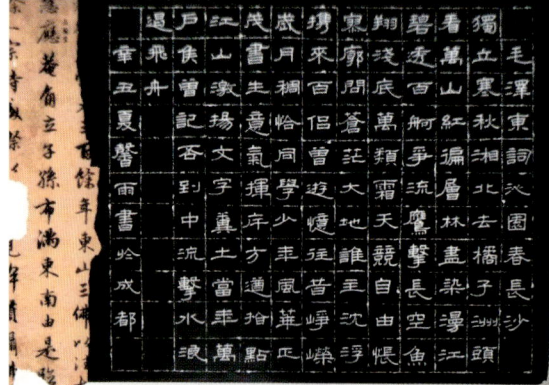

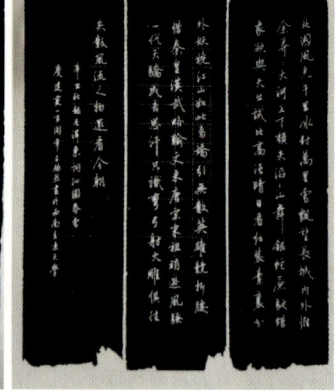

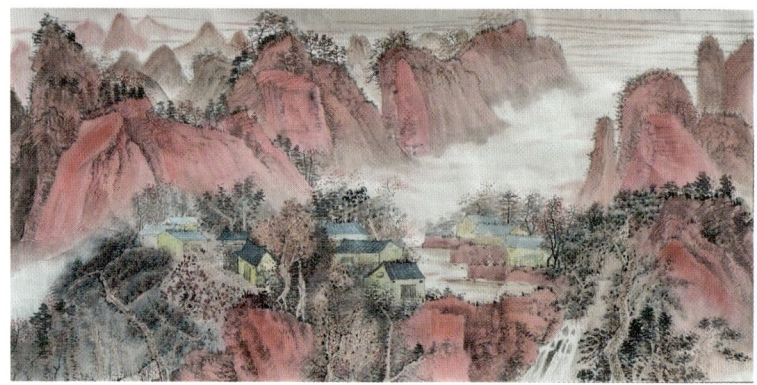

**项目名称**

"墨洒唐院展宏图，烛照学子志九霄"——西南交通大学建校 125 周年系列原创书画作品

**项目类别**

原创校园文化艺术项目

**项目理念**

本项目以书画文化为载体礼敬建校 125 周年，旨在推广交大文化、弘扬交大精神，激发交大学子爱国荣校情怀，在坚守文化自觉的同时树立文化自信。

**项目特色**

本项目以硬笔、软笔书法与绘画相结合，通过师生们喜闻乐见的书画形式描绘学校的风雨历程和光辉历史。项目顺应时代要求，与学校 125 年来积淀、传承与发展的文化内涵相呼应，展现出交大的精神气质，推动坚定文化自信。

**指导老师**

申　瑢

**项目主持**

陈雪琼　人文学院　　　　　　　　　　　　　2019 级

**项目成员**

李丽君　经济管理学院　　　　　　　　　　　2019 级

胡楚卉　公共管理学院　　　　　　　　　　　2019 级

段禹宣　公共管理学院　　　　　　　　　　　2019 级

董津康　经济管理学院　　　　　　　　　　　2020 级

高佳颖　经济管理学院　　　　　　　　　　　2020 级

安沁文　经济管理学院　　　　　　　　　　　2020 级

吴　迪　公共管理学院　　　　　　　　　　　2020 级

吴羽飞　电气工程学院　　　　　　　　　　　2020 级

肖雅楠　经济管理学院　　　　　　　　　　　2020 级

曾雯卿　经济管理学院　　　　　　　　　　　2020 级

李逸群　经济管理学院　　　　　　　　　　　2020 级

用艺术之美点亮心灵之光 ——艺术思政教育体系探索与实践

项目成果（节选）

飞鸿舞鹤书交通强国 百年峥嵘 胡楚卉撰
丹青妙染绘师生同 德薪火相传 董津康书

巍巍学府
家国情深
漫漫征程
初心不变
吴丽飞书

**项目名称**

"文韵书画，创润交大"——系列原创书画作品

**项目类别**

原创校园文化艺术项目

**项目理念**

本项目以"文韵书画，创润交大"为主题，以中国传统国画艺术为载体，创作出具有时代精神和文化内涵的文创产品，旨在营造良好的校园美育文化氛围，丰富大学生校园文化生活。

**项目特色**

本项目将"书、画、诗"三种中华优秀传统文化有机融合，使之焕发出新的生命力，彰显出新时代青年人的理想与信念。

**指导老师**

申　瑢　刘文华

**项目主持**

胡佳仪　建筑与设计学院　　　　　　　　　　　　2017级

**项目成员**

陈锦涛　材料科学与工程学院　　　　　　　　　　2016级

林　翰　地球科学与环境工程学院　　　　　　　　2017级

王　旸　物理科学与技术学院　　　　　　　　　　2017级

罗小雨　地球科学与环境工程学院　　　　　　　　2018级

杨吉洲　机械工程学院　　　　　　　　　　　　　2018级

黎方铭　建筑与设计学院　　　　　　　　　　　　2018级

黄雪霏　茅以升学院　　　　　　　　　　　　　　2017级

倪典墨　生命科学与工程学院　　　　　　　　　　2017级

王鸿羽　机械工程学院　　　　　　　　　　　　　2017级

王正一　地球科学与环境工程学院　　　　　　　　2017级

黄欣茹　心理研究与咨询中心　　　　　　　　　　2017级

盛　千　交通运输与物流学院　　　　　　　　　　2017级

栗巾峰　建筑与设计学院　　　　　　　　　　　　2018级

曾　辰　建筑与设计学院　　　　　　　　　　　　2018级

江　春　建筑与设计学院　　　　　　　　　　　　2018级

## 项目成果（节选）

附录　部分育人成果

**项目名称**

"红土"文化育人实施路径探索——"红小土"系列文创产品

**项目类别**

原创校园文化艺术项目

**项目理念**

本项目通过短视频、表情包、文创产品设计制作等学生们喜闻乐见的表达方式，依托"红小土"鲜明活泼的卡通人物形象，使"红土"文化深入学生学习生活的方方面面，增强师生对"红土"文化的认知与热爱，增进爱校情怀，树立文化自信。

**项目特色**

本项目依托土木工程学院学科特色，开发、创作出一系列生动有趣的特色文创产品，深入学生学习生活，旨在激发学生对文化艺术创作的积极性，提高学生的审美水平并提升人文素养。

**指导老师**

黄雪娇

**项目主持**

| 王　童 | 土木工程学院 | 2020级 |

**项目成员**

| 许世禄 | 土木工程学院 | 2017级 |
| 王鸿宇 | 土木工程学院 | 2018级 |
| 荆予涵 | 土木工程学院 | 2018级 |
| 赵　玥 | 土木工程学院 | 2018级 |
| 李浩然 | 土木工程学院 | 2018级 |

项目成果（节选）

附录　部分育人成果

**项目名称**

"律动交大，音传韶华"——校园文化流行歌曲的探究与创作

**项目类别**

原创校园文化艺术项目

**项目理念**

本项目以流行歌曲为主要创作形式，结合交大历史、学校精神和校园文化等元素，旨在进一步强化交大学子和校友的归属感，增强交大人的爱校意识和凝聚力，弘扬"竢实扬华，自强不息"的交大精神。

**项目特色**

以交大元素为创作基础，将校园文化与校园生活等元素融入作品歌词中，生动描绘交大师生的校园日常生活，充分彰显交大学子的昂扬风貌。

**指导老师**

甘　霖　刘晗悦

**项目主持**

孙跃豪　人文学院　　　　　　　　　　　　　2016 级

**项目成员**

赵天胤　交通运输与物流学院　　　　　　　　2019 级

赵文豪　人文学院　　　　　　　　　　　　　2018 级

张嘉新　人文学院　　　　　　　　　　　　　2017 级

金益正　人文学院　　　　　　　　　　　　　2018 级

【扬文欣艺 SCTP】"律动交大，音传韶华"——校园文化流行歌曲的探究与创作

## 项目成果（节选）

 西南交通大学
21-6-18 10:45 来自微博视频号 已编辑

#西南交大毕业典礼# #未来你好毕业典礼#

【毕业典礼｜大学生艺术团演唱歌曲《一抹交大蓝》】

交大毕业生将奋斗这一青春底色写成了歌，谱成了曲，献给竢实扬华的交大岁月，献给自强不息的交大青年，献给走在复兴路上的西南交通大学。一起欣赏，《一抹交大蓝》。

作曲：孙跃豪、张嘉新；
作词：赵文豪、郭东博、赵天胤。

▷西南交通大学的微博视频

附录　部分育人成果　111

**项目名称**

原创校园民谣《遇见犀安路》的创作与传播

**项目类别**

原创校园文化艺术项目

**项目理念**

本项目旨在通过校园民谣的创作与传播，引导大学生释放青春正能量，提升大学生艺术素养，多元拓展大学生素质教育的有效途径。

**项目特色**

本项目采用校园民谣的创作形式，给人耳目一新的感受，作品以交大学子的青春与梦想为主题，歌词中融入各类交大特色元素，增强独属于交大人的集体归属感。

**指导老师**

朱亚希

**项目主持**

| 靳　超 | 人文学院 | 2019 级 |

**项目成员**

| 张　杨 | 人文学院 | 2019 级 |
| 何玺华 | 人文学院 | 2019 级 |
| 徐正阳 | 人文学院 | 2019 级 |
| 李鲁昱 | 人文学院 | 2019 级 |
| 陈才广 | 人文学院 | 2019 级 |

【扬文欣艺 SCTP】原创校园民谣《遇见犀安路》的创作与传播

项目成果（节选）

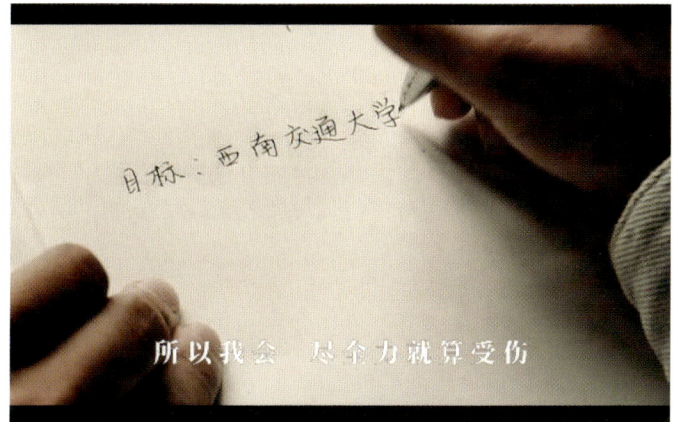

**项目名称**

如果文物会"说话"——基于大学生传承与保护成都本地文物的歌曲创作

**项目类别**

原创校园文化艺术项目

**项目理念**

本项目将中华优秀传统文化与巴蜀元素融入歌曲创作，以大众所喜爱的形式宣传传统文化，创作具有民族自信与地域特色的原创歌曲，增强交大学子的文化自觉与文化自信。

**项目特色**

本项目将成都本地文物元素融入音乐创作，用歌曲的形式普及文物背后的故事，增强作品的艺术性、创新性和可传播性。

**指导老师**

张庆伟　石珮锦

**项目主持**

熊蓉蓉　公共管理学院　　　　　　　　　　　　　　2019 级

**项目成员**

唐　颖　人文学院　　　　　　　　　　　　　　　　2019 级

王　晗　交通运输与物流学院　　　　　　　　　　　2019 级

陈可铭　信息科学与技术学院　　　　　　　　　　　2019 级

张楠楠　地球科学与环境工程学院　　　　　　　　　2019 级

杨思思　人文学院　　　　　　　　　　　　　　　　2018 级

刘添生　土木工程学院　　　　　　　　　　　　　　2019 级

# 项目成果（节选）

天地玄黄宇宙洪荒
无边风月与谁赏
择制衣冠骁勇无双镇八方
笑饮河江青冢之上
徒留山高与水长
算来是盛世回望我不屈脊梁

—— 金乌（念白版）·天天天天真/是花花不是草草/山眠枕月丶

**项目名称**
《报国寺喝茶》原创编舞
**项目类别**
原创校园文化艺术项目
**项目理念**
本项目通过舞蹈肢体语言表达歌词中细腻的情感，其中过去与现在的跨时空对话情景，创造性地表达了交大学子对母校的深厚情感，以期通过优质的表演艺术作品加深广大师生的爱校荣校情怀。
**项目特色**
本项目在校园原创歌曲《报国寺喝茶》的基础上，由师生共同创作完成编舞和舞蹈表演。舞蹈中，昔日在峨眉学习生活的学子和如今投身祖国建设事业的自己跨时空相遇，歌声传承着深沉厚重的交大精神，舞姿寄托着交大学子的半生感念，上演一场属于交大人的青春芳华。
**指导老师**
黄　原
**项目主持**

王晋瑄　电气工程学院　　　　　　　　　　　　　　2017 级

**项目成员**

| | | |
|---|---|---|
| 何苗苗 | 经济管理学院 | 2016 级 |
| 曾梓桐 | 人文学院 | 2016 级 |
| 周欣怡 | 建筑与设计学院 | 2017 级 |
| 刘宇航 | 交通运输与物流学院 | 2018 级 |
| 邵　菲 | 人文学院 | 2016 级 |
| 汪鑫宇 | 人文学院 | 2018 级 |
| 赵可心 | 人文学院 | 2018 级 |
| 毕馨文 | 人文学院 | 2018 级 |
| 索雅冉 | 人文学院 | 2017 级 |
| 周婧仪 | 公共管理与政法学院 | 2018 级 |
| 刘　栩 | 人文学院 | 2018 级 |
| 苏月同 | 交通运输与物流学院 | 2016 级 |
| 曹恺悦 | 利兹学院 | 2017 级 |
| 李谦慧 | 电气工程学院 | 2018 级 |

【扬文欣艺 SCTP】《报国寺喝茶》原创编舞

## 项目成果（节选）

**项目名称**

献礼建党一百周年广播剧《中国梦我的梦》

**项目类别**

原创校园文化艺术项目

**项目理念**

本项目在新媒体浪潮下，探索传统媒体与新媒体的融合之路，用声音讲好中国故事，致敬国家脱贫攻坚的全面胜利，礼赞全面小康的成功建设。

**项目特色**

该广播剧以小人物的故事为题材，以全面建成小康社会为时代背景，描绘新时代中国发展趋势对主人公的影响。本项目将传统媒体与线下广播剧结合，并进行融媒体尝试，使作品传播力更强、艺术性更高，让校园广播媒体重焕生机。

**指导老师**

刘　亮

**项目主持**

| 龚　睿 | 人文学院 | 2018 级 |

**项目成员**

| 张嘉妮 | 人文学院 | 2017 级 |
| 赵汉林 | 数学学院 | 2019 级 |
| 王彬旭 | 交通运输与物流学院 | 2018 级 |
| 马晓冰 | 人文学院 | 2018 级 |
| 朱韵蓉 | 地球科学与环境工程学院 | 2018 级 |

项目成果(节选)

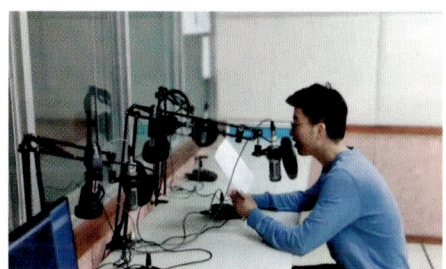

**项目名称**

"红土"文化育人实施路径探索——"红小土"讲故事短视频制作

**项目类别**

原创校园文化艺术项目

**项目理念**

本项目旨在以短视频形式展示学院"红土"文化,宣传学校学院历史,增强学生对学校和学院的认同感、自豪感。

**项目特色**

本项目按"鎏金岁月""栋梁人物""百年工程""我身边的红小土"四个主题版块进行短视频创作,介绍杰出校友和学校参与建设的国家重大工程,记录身边的学子榜样,激励交大学子建设国家的使命感与科学求真的探索精神,通过短视频形式弘扬"红土文化",达到良好的文化育人效果,具有较好的主题性和创新性。

**指导老师**

李 雯　黄雪娇　柯 妍

**项目主持**

| | | |
|---|---|---|
| 王鸿宇 | 土木工程学院 | 2018 级 |
| 叶晨希 | 土木工程学院 | 2020 级 |

**项目成员**

| | | |
|---|---|---|
| 米佳恒 | 土木工程学院 | 2018 级 |
| 陈柯佚 | 土木工程学院 | 2019 级 |
| 潘　阳 | 土木工程学院 | 2019 级 |
| 孔凡澍 | 土木工程学院 | 2019 级 |
| 史美杰 | 土木工程学院 | 2019 级 |
| 郑　基 | 土木工程学院 | 2021 级 |
| 罗　浩 | 土木工程学院 | 2021 级 |
| 廖泽耀 | 土木工程学院 | 2021 级 |
| 刘晓萌 | 土木工程学院 | 2021 级 |
| 王辰安 | 土木工程学院 | 2021 级 |

红土文化育人实施路径探索——"红小土"讲故事短视频制作

项目成果（节选）

附录　部分育人成果　121

**项目名称**

凝聚青年力量，献礼建团百年——原创微电影

**项目类别**

原创校园文化艺术项目

**项目理念**

本项目成果为献礼建团百年主题微电影，旨在凝聚青年力量，将科普与艺术美感融为一体，以微电影的形式传播共青团的百年历史故事与精神。

**项目特色**

本项目以在校学生的视角和影视化表演的方式传播共青团故事。在前期研究中，项目成员将剧本撰写与校内问卷调研相结合，以主创和观众的紧密互动实现其科普意义和现实意义，弘扬共青团精神。

**指导老师**

薄　慧

**项目主持**

| 张梓涵 | 交通运输与物流学院 | 2020 级 |

**项目成员**

| 明小涵 | 机械工程学院 | 2020 级 |
| 赵宇家 | 交通运输与物流学院 | 2020 级 |
| 冉梁雨优 | 材料科学与工程学院 | 2020 级 |
| 孔繁顗 | 材料科学与工程学院 | 2020 级 |

## 项目成果（节选）

附录　部分育人成果　123

**项目名称**

感温变色陶瓷壁画设计与研发

**项目类别**

原创校园文化艺术类

**项目理念**

本项目是以陶制岩板为基材、热敏花纸为表现材料、插画设计为内容、数字控制为技术内核、感温变色为展现形式的文创装置艺术，将中国传统陶瓷艺术结合现代科学技术，展现中华传统工艺之美，弘扬东方美学，增强文化自信。

**项目特色**

本项目从热敏变色材料的基础研究出发，经过一系列的实验设计与工艺优化，最终实现了一种新型的感温陶瓷壁画。该陶瓷壁画不仅可以作为室内外的艺术装饰品，还可以根据不同展示需求利用数控装置进行温度升降控制，随着温度的高低变化，壁画图像实现从无到有、由浅入深、由虚到实的变幻过程，展现出震撼的观感效果，从而增加了环境的互动性和趣味性。

**指导老师**

王永亮

**项目主持**

董子恩　设计艺术学院　　　　　　　　　　　　　　2021 级

**项目成员**

贾铭泽　设计艺术学院　　　　　　　　　　　　　　2021 级

夏可欣　设计艺术学院　　　　　　　　　　　　　　2021 级

燕黄伟　设计艺术学院　　　　　　　　　　　　　　2021 级

王朋卿　电气工程学院　　　　　　　　　　　　　　2021 级

项目成果（节选）

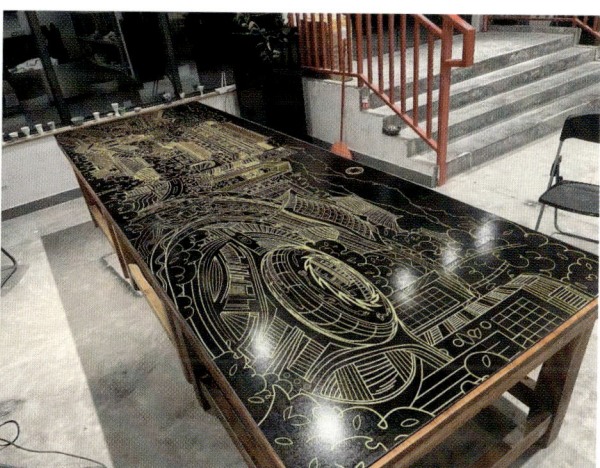

附录　部分育人成果　　125

**项目名称**

"青衿创想，拨墨将迎"——系列文创产品

**项目类别**

原创校园文化艺术项目

**项目理念**

本项目创作融入了惜别和欢迎之感，将中华优秀传统文化与交大元素融入产品设计中，将"竢实扬华，自强不息"的交大精神镌刻于心，并展现出传统书画的魅力。

**项目特色**

本项目将书画的传统文化与校园文化结合，制作出具有交大独特文化内涵的文创产品。本项目中的书画作品具有独特的人文美，凝结了交大人不可磨灭的校园情怀与美好记忆。

**指导老师**

刘文华

**项目主持**

| 曾　辰 | 建筑与设计学院 | 2018级 |

**项目成员**

| 朱一慧 | 地球科学与环境工程学院 | 2018级 |
| 王　海 | 机械工程学院 | 2018级 |
| 徐小芳 | 人文学院 | 2019级 |
| 伏哲毓 | 土木工程学院 | 2019级 |
| 杨承翰 | 地球科学与环境工程学院 | 2019级 |
| 虞铮文 | 电气工程学院 | 2018级 |
| 彭佳苓 | 建筑与设计学院 | 2017级 |
| 邵明震 | 利兹学院 | 2018级 |
| 坚燕妮 | 土木工程学院 | 2019级 |
| 林　榕 | 建筑与设计学院 | 2019级 |
| 边馨雨 | 建筑与设计学院 | 2019级 |

用艺术之美点亮心灵之光 ——艺术思政教育体系探索与实践

**项目名称**

交大草木——交大生态的"诗"化呈现

**项目类别**

中华优秀传统文化传承与创新项目

**项目理念**

本项目致力于以文字和摄影塑造交大生态名片，将交大植物"诗"化呈现，以期营造浓厚的校园人文氛围，增强学生的植物常识和生态文明意识。

**项目特色**

本项目创新性地戴着自然科学和人文学科"两副眼镜"去观察、描写、研究交大校园的植物，发挥汉语言文学学生专业优势，结合中国古代传统文学作品对交大植物进行阐述与描绘。

**指导老师**

周俊勋

**项目主持**

陈劲骁　人文学院　　　　　　　　　　　2019 级

**项目成员**

胡建宇　人文学院　　　　　　　　　　　2019 级

党文悦　人文学院　　　　　　　　　　　2019 级

罗清华　人文学院　　　　　　　　　　　2019 级

李　幽　人文学院　　　　　　　　　　　2019 级

伍泳霏　人文学院　　　　　　　　　　　2019 级

## 项目成果（节选）

**项目名称**

境——中国古诗词意韵美在筝乐表演中的创新性探索

**项目类别**

中华优秀传统文化传承与创新项目

**项目理念**

本项目从整体性、民族性和时代性的角度出发,联结古筝艺术与古诗词文化,通过不断创新表演形式和解读方式,挖掘深蕴其中的意韵美,以期实现创新性探究与创造性产出,激活中华优秀传统文化独有的力量,增强其根源活力。

**项目特色**

本项目基于中华优秀传统文化在新时代的融合发展,探求古诗词与筝乐艺术的有机发展。辅以新时代的文化价值与审美需求,充分挖掘筝乐中承载的古诗词意韵之美,进一步传承和创新中华优秀传统文化。

**指导老师**

刘　蕊　罗乔美

**项目主持**

冯　赟　人文学院　　　　　　　　　　　　　　2021 级

**项目成员**

潘柏丞　人文学院　　　　　　　　　　　　　　2021 级

魏坤益　人文学院　　　　　　　　　　　　　　2021 级

段一博　人文学院　　　　　　　　　　　　　　2021 级

吕晨阳　人文学院　　　　　　　　　　　　　　2021 级

王乙伊　人文学院　　　　　　　　　　　　　　2021 级

## 项目成果（节选）

# 附录2 "音乐里的故事"讲演团特色艺术思政微课部分参与学生的心得体会

## （一）本科2021级学生杭麟奇

跟随讲演团激昂的歌声和铿锵有力的歌词，我仿佛看到长征画卷在我眼前缓缓展开，在长征的途中，红军战士浴血奋战，突破了敌人一道道实枪重荷的关口，用行动写下了道不完的可歌可泣之事，用生命留下了数不尽的英雄儿女之魂，这次讲演活动用音乐呈现了伟大的长征精神，用音乐鼓舞了我们广大青年，将党的精神谱系巧妙地融入了这场动人的讲演中，以真实的榜样人物为"活教材"，带领我们缅怀革命先烈，赓续精神血脉；以长征精神激励当代学子。将红军这二万五千里长征路印刻在现场同学的脑海中，提醒我们珍惜今天这来之不易的幸福生活，努力学习，为建设社会主义现代化强国而努力奋斗。

## （二）本科2021级学生向茂鑫

"我不知道你是谁，我却知道你为了谁"，我始终被这句歌词牵动着心弦。无论是抗洪战士、前线医护人员、志愿者还是其他任何身份的人，所做的一切都是为了一个目标——达到你我心中追求的幸福安定，人民群众得享美好。通过讲演团同学们铿锵动人的演讲及歌曲演唱，我进一步了解了抗洪救灾精神的核心内涵。在临近"5·12"纪念日之际，我对于抗震救灾精神的理解与认识，也因讲演团的讲述和演绎而更加地深刻。

## （三）本科2021级学生李丹婷

我们沐浴着温暖的阳光，走在新时代的征程上。但是我们不能忘记，不能忘记曾走过的艰难岁月和曾发生的一次次灾难。我倍感荣幸能够跟随"音乐里的故事"讲演团的讲述，一起在历史的长廊漫步。1988年特大洪水、2008年汶川地震、2019年新冠肺炎……灾难吞毁我们的家园，侵蚀我们的身体。但是，有一群人逆行而上，用自己的身体筑起一道道防线，书写着信仰与力量。我不知道他们每个人的名字，但我知道他们为了谁。整场活动下来，我既激动又失落。激动于活动之意义重大，于我的影响深刻；失落于如此动人的表演，却没有让更多的人参与进来。历史不能被遗忘，而背后的他们也不能被人遗忘。我希望这样的讲演永不停歇，我也希望能够发展更多的主题，传递红色精神、红色力量，让更多的人聆听"音乐里的故事"。

### （四）本科 2022 级学生李欣蔓

作为入党积极分子，我有幸观看了"音乐里的故事"讲演团带来的精彩演讲和表演。通过这次活动，我更加深刻地认识到长征精神的伟大意义。红军不仅仅是一支英勇的军队，更是一种坚定的信念和崇高的精神象征，他们不怕困难、不怕牺牲，始终坚守初心，为了民族解放和人民幸福而奋斗。这种奋斗精神不仅在那个特殊的历史时期具有重要意义，也对我们这个时代的青年具有深刻的启示。一代人有一代人的长征，一代人有一代人的担当，作为新时代的青年，我们肩负着实现中华民族伟大复兴的历史使命。我们必须紧握历史的接力棒，弘扬伟大长征精神，勇于担当，敢于奉献，迎难而上，勇往直前，时刻牢记初心使命，努力学习，不断提高自己的综合素质，向党组织靠拢，以党的作风为榜样为目标，为实现中华民族伟大复兴的中国梦而奋斗！

### （五）本科 2021 级学生姚添

茅以升："不复原桥不丈夫！"钱学森："外国人能搞的，中国人也能搞。"黄旭华："此生属中国，此生无怨无悔。"一句句铮铮誓言直戳人心，是他们的血泪与汗水才铺就了我们今天的阳光大道！科学家们的卓越事迹和爱国情怀，让我们更加珍视如今自己优越的生活，同时也更加感恩前辈们的辛勤付出。"音乐里的故事"讲演团在这次党课中发挥了非常重要的作用，他们用生动的例子和实际的行动，将党的基本理论和精神传递给我们。他们的讲解质量高，诙谐幽默、简明扼要、深入浅出，很容易被我们理解和接受。在演讲过程中还有精彩的歌曲演唱，让我们能跟随歌曲的旋律，让课堂更加轻松愉快。

### （六）本科 2022 级学生虞海亮

"音乐里的故事"讲演团运用音乐激发起在场各位的情感，调动起大家的情绪，舒缓了现场的氛围，使大家都可以更好地投入相关知识的学习，由自身兴趣引发的学习效率是极高的。三个环节环环相扣，自然引出下一个话题，连贯而不僵硬，简单而又明了，增强了每个人的参与感，是一种非常受大家欢迎的活动形式。希望未来的"音乐里的故事"讲演团，可以走向更多的学院，走向更广阔的大众。

（七）本科 2023 级学生向小丫

"音乐里的故事"讲演团带来的歌曲《国家》，让在场的同学们不禁摇动手中的小红旗，齐声跟唱。大家的脑海中浮现出讲演课件里平凡中国人的爱国事迹，对这首歌也有了更深的理解。中国，是无数华夏子孙用自己的双手撑起来的家，也是他们用双手撑起的国。我们从"音乐里的故事"中不仅学到了感人至深的英雄事迹，更体会到要将爱国精神发扬并落实到自己的行动中。作为新时代的青年，建设祖国是我们义不容辞的责任，有国才有家。让我们为中国自豪，为中国奋斗！

（八）2023 级研究生江梦佳

一条青藏线，穿越历史和未来；一条通天路，寄托梦想与期待。我很有幸作为一名听众参与这次音乐思政课《天路》。跟随讲演的脚步，我更进一步了解了青藏铁路的建成与发展，感受到了讲演团想传递给我们的正能量。首先讲演者通过两个视频从青藏铁路的建设讲到如今的发展，让我深深体会到了青藏铁路这项世纪工程对于青藏两省经济发展的促进作用以及它在铁路事业发展中的重要意义。而后主讲人讲述了三位铁路工作者代表，也是我们西南交通大学的校友。青藏铁路 13 万铁路工作者辛勤工作、在艰苦的环境下不忘初心砥砺前行，不懈奋斗，持之以恒，确实令人景仰。最后，正如学长学姐所说，作为新时代的我们，应该牢记这一伟大的时代精神和民族精神，并运用在学习生活中，努力学习知识，培养创新与实践能力，为祖国的建设与发展贡献自己的力量。

（九）本科 2022 级学生瞿靖

"音乐里的故事"让我深刻地认识到了爱国主义教育的重要性，也让我更加坚定了自己报效祖国的决心。首先，我认为这次活动的形式非常新颖，通过多个环节的开展，让同学们在欣赏爱国主义教育视频、学习习近平总书记重要讲话和先进人物事迹的过程中，逐渐激发自己的爱国热情，并将这种热情转化为实际行动。这样的方式不仅生动有趣，而且能够更好地引导同学们将爱国热情转化为努力学习、全面发展的实际行动。其次，这次活动的内容也非常丰富，既有理论又有实践。通过观看爱国主义教育视频和学习习近平总书记的重要讲话，我们深入了解了祖国的历史和文化，感受到了祖国的伟大和荣耀。同时，我们也看到了许多先进人物的事迹，他们用自己的行动诠释着爱国的真正含义，让我们深受启发。最后，我们还一起欣赏了《国家》这首歌曲，这首歌充满了对祖国的热爱和对未来的信心，让人听后倍感振奋。总之，这次《国家》主题班会是一次非常成功的爱国主义教育活动。它不仅让我们更加深刻地认识到了爱国主义教育的重要性，也让我们更加坚定了报效祖国的决心。我相信只要我们不断努力，我们的祖国一定会变得更加美好！

### （十）本科 2021 级学生张耀辉

在主讲同学慷慨激昂地向我们介绍了诸多科学家实例之后，由五位同学组成的合唱团出现在我们面前。他们以昂扬向上的姿态、婉转悠扬的歌声唱响了《共和国之恋》。悠扬的音符积蓄着科学家的深深情思，动人的旋律流淌着科学家的炽热情感，起伏的节奏诉说着科学家的爱国情怀。让身为观众的我们在感受到科学家深沉的爱国情怀之外，还享受到音乐的美好。演唱的同学相互配合，以饱满的情绪向我们诉说着科学家们以知识报国、以科技兴国的故事。袁隆平、屠呦呦、顾方舟……一个个伟大科学家的故事在婉转的歌声和悠扬的旋律中呈现在我们面前，令观众无不沉浸在这伟大的爱国热忱之中。

### （十一）本科 2021 级学生胡嘉欣

在"音乐里的故事"讲演团的倾情讲演中，我们随着深情的演说和激昂的演唱聆听了一首英雄赞歌。最令我印象深刻的是介绍陈祥榕的片段，因为处于和平年代，对于历史中的英雄先烈，我虽尊敬，却始终没有深刻激烈的感悟。而加勒万河谷事件给予了我深深的震撼，原来所谓和平，不过是有人为保护我们在流血牺牲。陈祥榕战士，一个跟我差不多大的男孩，却永远留在了那里。"清澈的爱，只为中国。"照片中的男孩眼神清澈、面庞稚嫩，却用他年轻的身体挡住了国家的面前。历史长河中又有多少像这样的英雄先烈，甚至没有人知道他们的名字……他们为了我们而牺牲，生活在幸福、优越的条件中，我又有什么理由安然享乐？感悟先烈精神，担当时代责任——我明确了身为新时代新青年的使命，也通过此次活动在缅怀英雄先烈的同时，更加笃定要奋力前行，担当起我们这一代人的责任。

### （十二）本科 2022 级学生陈杰

"音乐里的故事"讲演团用《英雄赞歌》的表演向英雄们致敬，每个音符都仿佛述说着那段峥嵘岁月里的豪迈与坚韧，他们的表演仿佛将我们拉回了抗美援朝的那个年代。通过讲演团的讲述，我们深入了解了西南交通大学在抗美援朝中发挥的作用，作为开国以来第一批而且是唯一一支支援前线的工程队，他们前仆后继，先后三次坐火车、坐汽车前往抗美援朝第一线，参与机场的修建工作。通过视频中校友的讲述，我能深刻感受到他们的艰辛，这让我更加自豪于母校的历史。随后，讲演团又介绍了那些在抗美援朝战争中献出生命的烈士。其中，冰雕连的故事让我无限震撼。一百多条年轻的生命，被活生生地冻在雪域中，只为执行阻击美军的任务。他们在生命的最后一刻，仍保持着战斗姿态，就连美军也为之钦佩，真正诠释了什么叫"哪怕是冻死，也要高傲地耸立在阵地上"。最后，时间拉回到现代，陈祥榕烈士的故事也让我热泪盈眶。同样是十八九岁的年纪，他的生命却永远地留在了雪域高原上，留在了他誓死守卫的边疆旁。他本是初升的太阳，有无限的大好前程，可为了守卫祖国的疆域，他在边境冲突中突入重围，营救战友，英勇战斗，奋力反击，毫不畏惧，直至壮烈牺牲。他留下的"清澈的爱，只为中国"永远印刻在我的心中。讲演团的表演让我体会到了英雄的庄严与意义，让我更加明白和平的来之不易，更让我感悟到国家是在无数先烈的牺牲和努力下才得以繁荣昌盛。我将永远铭记在心，珍惜和平，传承英雄精神，为一个更美好的未来而努力。

### （十三）本科 2023 级学生吴雨涵

"音乐里的故事"讲演团的学长学姐们的生动讲述使我深深认识到，作为一名当代学生，我们应该学习和秉持雷锋精神，为他人出一份力，为他人带来快乐和温暖。无论是在学校还是在社区，我们都应该主动关心他人，愿意倾听他人的困难和需求，并尽己所能去帮助他们。同时，我们也要注重培养自己的实际技能和知识水平，为他人提供更多的帮助。只有通过不断提升自己，我们才能为社会做出更大的贡献。通过这次活动，我对雷锋的事迹和精神有了更深刻的理解。我明白了雷锋精神不仅是我们国家宝贵的精神财富，也是我们每个人应该追求和实践的人生态度。学雷锋团课让我深受感动和启发，并帮助我认识到自己应该如何践行雷锋精神。我将把雷锋精神与自己的成长融合在一起，努力成为一个有担当、有爱心的人。我相信，只要我们每个人都能用行动诠释雷锋精神，社会将会变得更加美好。让我们从现在做起，一起传承雷锋精神，用自己的行动为这个世界带来正能量。

# 附录3  审美训练营部分参训学生的体验心得

## （一）本科 2018 级学生刘同学

我认为这是一项非常有意义的活动。此次活动以"立德树人"为根本任务，以"以美育人，以美化人，以美培元"为导向，对我们营员综合素质的提升很有帮助。希望学校能将此类活动延续下去……

## （二）本科 2020 级学生周同学

衷心感谢审美训练营为我们提供的机会，让我们能够坐在最好的位置，近距离感受每一场精彩绝伦的演出。同时，还要感谢指导老师和学长学姐们的一路相伴，你们认真负责地通知每一场活动，并在现场为我们拍照留念，谢谢你们的辛勤付出。一段时光，一次美好的旅行，留下值得珍藏的回忆，在这里，我还结识了一群志同道合的伙伴，这份珍贵的友谊值得永远珍惜。

## （三）本科 2019 级学生蓝同学

加入"审美与艺术修养提升训练营"是一件偶然的事，却让我有了很多意外的收获。比如美妙旋律的洗礼，比如了解新鲜事物的新奇体验，还比如认识了一个个鲜活可爱的你们……

## （四）本科 2020 级学生王同学

这次训练营是我进入校园以来参加过的最有意义的活动。它让我领略了各种艺术形式，体会到了艺术之美，极大地提升了我的审美能力。更重要的是，它为我留下了宝贵的经历，我非常珍惜在训练营度过的这段时光。衷心感谢学校和训练营的老师同学们！

## （五）本科 2019 级学生黄同学

通过参加这次训练营，我深刻领略到了艺术的魅力。训练营就像一扇窗口，让我看到了一个不一样的交大，一个充满艺术氛围的新世界。

### （六）本科 2018 级学生邹同学

首先，我真正学到了一些表达技巧，见识到优秀的范例，认识到自身的不足，明确了努力的方向。其次，训练营激发了我的艺术细胞，让我更加珍视对美的追求。最后，在这里我收获了数不尽的快乐……

### （七）本科 2022 级学生张同学

训练营让我拥有了许多宝贵的机会去观赏演出和学习相关知识，获得了许多有意义的瞬间和体验，也获得了更加快速便捷的渠道来参加各种活动和演出……

### （八）本科 2022 级学生刘同学

在这里我结识了许多其他学院的同学，通过参加活动拓宽了视野，丰富了业余生活，释放了压力，感受到了团体的氛围。

### （九）本科 2022 级学生吴同学

审美训练营让我有了许多新鲜的体验，极大地开阔了视野，例如川剧和交响乐等，这不仅提升了我的审美艺术水平，还是一种在碎片化时代的缓冲剂，每次参加活动都让我有一种升华的感觉……

### （十）本科 2022 级学生贾同学

在审美训练营的大家庭中，我结识了更多朋友，从他们身上看到了自己的不足，这也促使我更加努力地去完善自身。通过多次参与活动，我欣赏和了解许多从未亲身感受过的传统文化，审美能力和创造力都得到了提升，这也为我在日常的绘画和设计中增添了更多的灵感和启发……